PROFESSION STRIP-TEASEUSE

Les dessous du métier

Fily HOUTTEMAN

PROFESSION STRIP-TEASEUSE

Les dessous du métier

Michel LAFON

Nota :

Par souci de discrétion
et de respect des droits des tiers,
certains noms et prénoms ont été modifiés.

7-13, bd Paul-Émile-Victor, Île de la Jatte,
92521 Neuilly-sur-Seine Cedex

Muriel la romantique ou Fily la scandaleuse ?

Qu'il est loin le temps où l'on m'appelait affectueusement « Mumu » avec ma petite bouille ronde et mes premières bouclettes dans les cheveux, couvée entre les jupons de maman et étroitement surveillée par mes deux frères aînés faute de n'avoir jamais connu mon papa décédé lorsque j'avais deux ans !

Disparus également ces moments délicieux où la jeune Muriel Houtteman découvrait en compagnie du non moins jeune Peeter ses premiers émois sentimentaux et ses premiers baisers sur l'air de « ils vécurent heureux et eurent beaucoup d'enfants ». J'avais quatorze ans.

Aujourd'hui, j'en ai trente et un. Muriel n'existe plus. Je suis devenue Fily la scandaleuse. Ou encore, au gré du niveau de vocabulaire employé par ceux qui n'ont eu de cesse de me salir depuis un fameux mois d'août 1996, la salope, la prostituée ou la pute qui aurait volontairement brisé un conte de fées monégasque le temps d'un coup monté médiatique. C'est bien trop pour moi qui n'étais alors qu'une jeune strip-teaseuse ayant naïvement cru qu'un prince charmant venait l'enlever dans sa belle voiture de sport.

Il n'y a que le pape qui peut se targuer d'être reconnu dans le monde entier ! Eh bien moi, oiseau de nuit multicolore évoluant dans des lieux parfois trop noirs et trop glauques, je ne savais pas, lorsque nos regards se sont entremêlés pour la première fois, que le château du prince en question était déjà habité par une princesse. Et quand bien même ? Il m'offrait un peu de rêve. Pourquoi le refuser ? Je n'imaginais pas qu'en coulisses on m'avait aussi préparé un piège cauchemardesque, une trahison sentimentale qui allait ruiner ma vie et ma carrière.

Certes, je n'ai jamais été une Cendrillon très conventionnelle. Mes robes de princesse, elles, s'enlevaient d'un coup de bouton-pression. Je ne dansais pas vraiment la valse sur les podiums de mes palais nocturnes dissimulés dans des faubourgs de Bruxelles parfois peu recommandables. Et souvent, la seule dorure qui venait éclairer ces lieux était celle qui était incrustée sur les paillettes de mes costumes de scène. Si mes soupirants n'avaient jamais entendu parler de cours de bonnes manières, je leur apportais un moment d'évasion. Je me suis sentie utile. J'ai cru que je pouvais jouer au Père

Noël. J'étais une strip-teaseuse fière de l'être. Heureuse, comme une gamine revancharde après des études scolaires ratées, d'être reconnue pour mon travail, admirée, courtisée, fière de mon corps, de ma féminité. J'étais surtout convaincue d'exercer un métier artistique injustement jeté à la vindicte populaire par certains bien-pensants. Les mêmes qui ont eu parfois tendance à mettre une sourdine à leurs beaux discours moralisateurs lorsqu'il s'agissait de me demander de venir faire le spectacle chez eux à l'occasion de fêtes très privées.

Peu confiante dans le monde du jour, j'ai donc plongé dans celui de la nuit, de la débauche, du fantasme, de la fête. Un monde décalé dans lequel prendre des « fortifiants » toujours plus forts pour être la meilleure représentait non pas une tentation mais une règle à laquelle on ne pouvait guère échapper. C'était il y a sept ans à peine.

Les temps ont bien changé. Je vois qu'il est désormais devenu chic et snob d'aller se montrer dans les clubs de strip-tease branchés ouverts récemment à Paris. Soudain, le client ne serait plus un vicieux qui s'excite autour d'un podium en mal de fantasmes et la strip-teaseuse serait devenue une artiste respectable ? Et moi je serais une pute ? Pourquoi ? Pour avoir accepté les cadeaux et les attentions d'hommes amoureux ou pris d'affection pour moi ? Pour avoir montré mes seins et mes fesses ailleurs que sur les plages pendant les vacances d'été ? Pour avoir eu le tort de croire que je pouvais exprimer ma féminité et ma sensualité de façon théâtrale ? Pour avoir été plus sexy et désirable que certaines ? Ou bien parce que Cendrillon, pour gagner un peu de temps, a préféré essayer directement les princes plutôt que d'enfiler d'abord la pantoufle que chacun apportait ? Et alors ? Je n'ai jamais couché de ma vie pour de l'argent. Je ne le ferai jamais.

Et dire que, à l'âge de treize ans, j'étais en admiration devant la foi de ma grand-mère ou de ma religieuse de marraine, j'assistais à la messe le dimanche, je priais et j'ai même voulu entrer au couvent ! Moi, une prostituée fourbe, sans valeurs ni principes, sans foi ni loi ?

Il est temps de lever le voile sur les coulisses aussi merveilleuses que nauséabondes de cette profession telle que je l'ai vécue. Je ne suis pas convaincue qu'elle ait beaucoup évolué depuis, malgré les vitrines clinquantes et rassurantes pour la morale qui se dressent en trompe-l'œil ici et là en Europe. Toutes les strip-teaseuses ne commencent pas au Lido ou au Crazy Horse !

Je n'écris pas ce livre pour me dédouaner, pour regretter mes écarts de parcours. J'aimerais juste que mon expérience serve à toutes les belles petites « Mumu » pas farouches, attirées par le strass et les paillettes, par les hommes et l'argent facile, avant qu'elles ne mettent le doigt dans un engrenage dangereux et parfois destructeur.

J'aimerais surtout que le monde du jour me donne une chance et ne me traite plus comme une paria.

I

Un dimanche à la campagne

– Mumu, que fais-tu perchée là-haut ? Descends immédiatement ! Ce n'est pas solide. Tout va s'écrouler et tu risques de te faire très mal.

– Ne t'inquiète pas, Maminou, je fais attention.

J'ai à peine prononcé la fin de la phrase que la cabane en planches liées entre elles à la va-vite par mes deux frères aînés, et maladroitement installée sur le toit d'une veille camionnette, commence à vaciller. En quelques secondes, mon château fort de petite princesse rend l'âme et s'écroule deux mètres plus bas dans un vacarme assourdissant. Maman, que j'appelle Maminou depuis toujours, se met à hurler, paniquée. Mes frères protecteurs accourent pour me sortir des décombres. Je m'en sors avec une bonne frayeur, quelques égratignures... et une bonne leçon : maman avait une fois de plus raison ! Qu'est-ce qu'ils vont prendre, les frangins, pour ne pas avoir été sur leurs gardes ! Il faut dire que depuis la disparition de papa, alors que je n'avais que deux ans, ils ont hérité d'une mission de chefs de famille : protéger, et même surprotéger, une petite fille fragilisée par l'absence de son père. Un boulot de tous les instants, avec une gamine rebelle comme moi ! Mes frères n'étaient soulagés que lorsque je me réfugiais en suçant mon pouce entre les jupons rassurants de maman pour l'écouter me donner ses premiers conseils sur la vie... ou sur l'art de faire de la confiture.

Cette chute n'était qu'un épisode de plus à classer au rayon « souvenirs d'enfance inoubliables de week-ends à la campagne ». De merveilleux souvenirs, qui s'accumulaient chaque semaine.

Mon papa, chef d'une entreprise de sanitaires-toiture-chauffage héritée de son père et créée avant lui par son arrière-grand-père, avait acheté cette maison de campagne à ma naissance. Elle était située à soixante kilomètres de Bruxelles. Nous y passions tous nos week-ends, toutes nos vacances. Je me souviens de l'excitation générale lorsque les vendredis soir, ou les samedis matin, une fois les dernières paperasseries de l'entreprise réglées pour le lundi suivant, la famille s'entassait dans la voiture pour gagner ce havre de paix. Aujourd'hui encore cette maison représente pour moi un endroit magique où j'ai eu la chance de pouvoir me réfugier quand la tempête médiatique s'est déchaînée au-dessus de ma tête en 1996.

Oh, ce n'était pas la maison d'une riche famille bourgeoise belge installée sur la côte nord du pays. Papa avait acheté une ferme dans un état déplorable, nichée dans un petit village et entourée de prés. Rien ne tenait debout !

Les garçons, scie et marteau à la main, clous à la bouche, passaient leur temps à la retaper, à l'arranger, à la transformer en un cocon familial rustique et douillet. Papa était un bricoleur de génie. Les filles, à savoir maman et ma grand-mère, s'occupaient de la décoration, de l'intendance. Et moi, dans tout ça ? Je n'étais pas en âge de manier le fil et l'aiguille pour préparer les rideaux, ni assez sûre de mes gestes pour nettoyer, faire la vaisselle ou restaurer le bois du plancher bouffé par les mites.

J'étais donc une observatrice privilégiée, libre d'aller gambader dans notre grand jardin ou dans les champs, à la découverte de la nature et de la vie animale. Je m'émerveillais, comme toutes les gamines, devant une coccinelle posée sur mon bras. J'écoutais le chant des oiseaux, imaginant ce qu'ils pouvaient bien se raconter. Je pataugeais allègrement dans les prés inondés par les pluies d'automne. À travers les fils barbelés rouillés, je racontais ma vie et mes contes de fées aux paisibles vaches du voisin, fascinée par leur énorme regard. Leur grosse langue baveuse et râpeuse venait caresser mes petites mains. Je pensais alors à tout ce que je raconterais le lundi à mes copines de classe qui croyaient encore que les vaches étaient bleues ou mauves comme sur les tablettes de chocolat que l'on grignotait dans la cour de récré !

Je rêvais de folles cavalcades romantiques, avec mon prince charmant, sur le dos des chevaux qui traversaient le village. J'étais envoûtée par l'odeur des légumes et du lait frais ou par la chaleur des œufs tout juste pondus que j'allais chercher à la ferme avec ma grand-mère. Elle faisait tout à pied et partir avec elle représentait alors une vraie aventure. Un bonjour par-ci, deux-trois mots échangés avec les petites filles du coin par-là, ou encore un merci aux voisins qui avaient veillé sur notre maison pendant la semaine... J'adorais ce sentiment d'être attendue, épiée, reconnue dans la rue et acceptée par la population locale. À la campagne, les « autochtones » surveillent toujours d'un œil les faits et gestes des « gens de la ville », non pas pour meubler leurs conversations le soir au coin du feu, quoique... mais aussi pour jauger leurs capacités à pénétrer dans leur petite communauté. Dans ces villages, c'est au nouvel arrivant de faire des efforts d'intégration. Les « fous de la ville » reclus dans leur forteresse secondaire tout un week-end ne sont pas toujours les bienvenus. J'étais encore trop jeune pour comprendre tout ça, mais je le ressentais très fortement une fois de retour à Bruxelles où l'anonymat est roi et la simplicité en perte de vitesse.

J'ai vécu une enfance heureuse. J'étais l'objet de toutes les attentions, de tous les interdits aussi.

– Muriel, fais attention aux clous rouillés ! Mumu, n'abîme pas tes vêtements dans les fils barbelés ! Ne suis pas tes frères partout ! Arrête de jouer avec les grands ! Fais attention aux voitures ! Ne grimpe pas aux arbres ! Ne sors jamais seule dans la rue ! Fais pas ci, fais pas ça !

Je devais me méfier aussi des ronces, des orties, des échardes, des coups de corne des vaches, des chevaux, des outils, etc. Évidemment, je bravais certains interdits. Comme ce jour où j'ai voulu suivre mes frères à vélo. Si mes coups de pédales étaient déjà donnés avec une certaine assurance, je n'avais pas encore appris à freiner. Ce qui ne m'empêchait pas, bien sûr, de défier les garçons à la course. Une queue-de-poisson de trop m'envoya en l'air pour une énième chute. Mais celle-ci me valut mon tout premier trophée : un beau plâtre mal posé sur mon bras cassé à l'hôpital du coin où l'on commençait à me connaître. Mes petites copines allaient en baver de jalousie ! Et mes frères durent sans aucun doute avoir des nouvelles salées de Maminou, faute d'avoir su m'éviter cet accident.

Maman est une femme remarquable, courageuse, sensible, romantique. Jeune, elle avait dansé pour le roi de Belgique lors d'une fête nationale. Elle rêvait de devenir ballerine. C'est, je crois, l'un de ses plus beaux souvenirs. Elle voulait aussi être laborantine, étudier, apprendre, découvrir. Maman accordait une grande valeur aux études, au travail, à l'instruction, aux diplômes. Valeurs renforcées par une éducation catholique solide. La mort de papa a bouleversé sa vie. Brusquement ses rêves de gosse se sont envolés, ses convictions sur la justice divine se sont effondrées. Maman n'avait eu qu'un seul homme dans sa vie.

Secondée par mes frères, elle a voulu reprendre l'entreprise familiale, apprendre sur le tas, gérer les problèmes d'intendance de la maison, éduquer ses enfants et protéger sa petite Muriel.

Pour cela, elle pouvait compter sur deux femmes extraordinaires, ma grand-mère et ma marraine de baptême.

Ma grand-mère ? Admirable ! Cette mamie était pieuse, croyante. Tout comme sa fille, elle n'avait eu qu'un homme dans sa vie, mon grand-père, que ma mère et moi n'avons jamais connu. Eh oui, tout comme moi, maman n'avait jamais profité de son père...

Mais la femme que j'ai certainement le plus admirée, après maman et grand-mère, fut ma marraine. Elle aussi n'a eu qu'un homme dans sa vie : Dieu ! C'était une religieuse, une bonne sœur généreuse qui réussissait à transformer tous les événements négatifs de la vie en espoirs. Elle s'enfuyait parfois pour aller méditer dans des endroits perdus de la planète, dans le désert par exemple. Elle en revenait toujours avec plus de foi. Je ne la voyais pas beaucoup, mais à chaque fois que j'étais en sa compagnie, je sentais sa force m'envahir. Elle me donnait confiance, me rassurait sur la vie. Elle a tout fait pour que je surmonte l'absence de papa. C'est elle qui m'a expliqué l'existence, Dieu, le catholicisme. C'est elle encore qui m'a donné envie d'entrer au couvent lorsque j'ai connu mes premières crises existentielles d'adolescente vers l'âge de douze-treize ans. J'étais donc entourée de gens bons et simples.

C'est tout logiquement que j'ai reçu une éducation catholique. J'allais à la messe le dimanche dans de belles robes longues. J'ai fait ma petite communion, puis la grande. Je priais mon papa disparu, le soir, au pied de mon lit. Mes rêves de gosses étaient simples : j'adorais les animaux et je voulais devenir vétérinaire.

Quand je dis « j'adorais », c'était une véritable passion. On avait des poules, un chat, des hamsters, des chiens, et je montais à cheval. Sans cette passion, et sans la présence permanente de mes deux bichons, Kenzo et Gucci, je ne sais pas si j'aurais eu la force de surmonter le scandale Ducruet. Mes chiens m'ont sauvé la vie !

Seulement, pour devenir vétérinaire, il fallait être bonne en sciences. Et j'ai très tôt compris que l'école et moi avions certaines divergences de vues concernant mon avenir. J'étais nulle en maths et mes premiers cours de sciences naturelles m'ont immédiatement dégoûtée du sang et des dissections d'yeux de bœuf et autres pauvres grenouilles !

Je me mis alors à vouloir devenir voyageuse, partir au bout du monde. Un peu comme lorsque ma marraine disparaissait des semaines entières pour aller se recueillir dans un endroit désert. Des rêves de gosse, quoi !

Puis, à dix ans, à l'âge où je fus en mesure de comprendre un peu mieux les événements qui se déroulaient autour de moi, je me suis mise à lutter contre toute forme d'injustice. Je pensais pouvoir changer le monde, le rendre beau. Mon esprit rebelle commençait à se former et l'arrivée d'un beau-père à la maison n'y était pas étrangère...

J'ai complètement perdu la foi le jour où ma marraine, atteinte d'une maladie inconnue et incurable, s'est suicidée. Elle avait fui l'hôpital pour se pendre dans sa maison. C'est mon beau-père qui m'avait annoncé la nouvelle d'un laconique :

– Muriel, ta marraine s'est suicidée. Elle s'est pendue. Maman est dans la cuisine.

J'ai d'abord cru à une mauvaise blague, étant donné les relations conflictuelles que j'entretenais avec ce beau-père débarqué comme un intrus, à mon sens, dans la famille. Je suis allée dans la cuisine. J'y ai trouvé maman effondrée, comme anéantie par cette disparition. La mort de marraine a détruit d'un seul coup toutes les valeurs religieuses qu'elle m'avait transmises. Je ne comprenais déjà pas l'injustice dont j'étais victime en ayant perdu papa. S'il y avait un dieu, pourquoi avait-il enlevé mon père ? Pourquoi avait-il rappelé ma marraine dans d'atroces circonstances ? Il était désormais bien loin, le temps où je voulais devenir nonne.

Au funérarium, à l'heure de faire nos derniers adieux à la sainte de la famille, je n'ai pas pu embrasser ma marraine. J'ai eu un malaise devant le cercueil. Je ne pouvais plus respirer. La mort me faisait trop peur.

J'étais donc une petite fille à l'éducation bourgeoise. Je n'ai manqué de rien, sauf de papa. En toutes circonstances, je me demandais : « Et lui, comment aurait-il réagi ? » Il était devenu l'homme de ma vie. On en parlait un peu, parfois, avec maman. Maminou me montrait des photos, me passait quelques films. J'ai toujours sa photo sur moi.

On imagine le choc que j'ai ressenti en voyant arriver dans la famille, à l'âge de huit ans, un « beau-père » que j'ai immédiatement pris pour un imposteur. Je n'étais pas préparée à voir ma mère vivre avec un autre homme. Il nous a adoptés, nous a donné son nom, Houtteman, et s'est mis en tête de gérer ma vie, de m'orienter sur ce qu'il pensait être son droit chemin. Je ne l'ai jamais accepté. Ce traumatisme a ruiné mon adolescence, a développé mon esprit de contradiction. Je n'avais pas les moyens de comprendre, alors, que cet homme ne voulait que le bonheur de notre famille. Je l'ai compris un jour, mais il était bien trop tard. Muriel allait devenir Fily.

II

Fily

– Dis-moi, Muriel, c'est quoi, ce bulletin ? Tes notes sont lamentables. Tu pourrais faire un effort ! Tu es nulle en maths, en langues, en sciences. Ce n'est pas comme ça que tu réussiras dans la vie. Sans diplômes, tu finiras au chômage. Personne ne voudra d'une fille comme toi. Tu es vulgaire, mal habillée. File dans ta chambre, tu es punie !

– Ta gueule, connard ! Tu n'es pas mon père. Je n'ai pas d'ordre à recevoir de toi. Fous-moi la paix ! Je fais ce que je veux de ma vie.

Jamais, depuis l'arrivée de mon beau-père dans la famille, la situation n'avait été aussi tendue entre nous. J'avais quatorze ans, l'âge où on est submergé par la fameuse crise d'adolescence que tous les psys et autres spécialistes annoncent aux parents à grand renfort de mises en garde. Ma crise d'adolescence, elle, avait débuté bien avant...

Tout a commencé dès l'âge de huit ans. Maman

nous avait présenté, à mes frères et à moi, un homme. Il travaillait à Bruxelles dans l'import-export d'accessoires de salles de bains. Il était doux, attentionné avec elle, sympa avec mes frères, prévenant et attentif avec moi. Il adorait le foot et s'occupait d'une équipe à Bruxelles. Il parlait déjà de construire un mini-terrain de foot dans notre maison de campagne afin d'organiser des matchs entre les équipes des villages voisins et son club. Ces matchs seraient suivis de barbecues. Cette maison qui n'avait jusqu'à présent accueilli qu'une famille soudée allait devenir un vrai moulin à vent, une vraie auberge espagnole !

Maman paraissait amoureuse. Fatiguée, aussi, d'avoir à supporter depuis six ans le fardeau bien trop lourd pour elle des responsabilités familiales et professionnelles. Mes frères avaient beau assurer côté boulot, il fallait un homme à la maison, un vrai chef de famille. Une personne rassurante, capable de dicter la marche à suivre, d'assumer les coups durs, de subvenir à nos besoins et d'aimer maman. Il fallait surtout quelqu'un d'autoritaire, capable d'encadrer mon éducation à un âge où l'adolescence, et son cortège de problèmes existentiels, allait très rapidement pointer le bout de son nez.

Quelques mois plus tard, cet homme allait devenir mon beau-père, mon papi comme on l'a baptisé. Je n'ai pas saisi immédiatement les conséquences de cette intrusion. J'étais trop jeune. En revanche, j'ai très vite compris que je n'étais plus au centre de toutes les attentions. Moi qui avais été étouffée d'affection, d'amour, protégée comme un précieux trésor, je voyais soudain maman me délaisser, relâcher sa vigilance pour aimer quelqu'un d'autre. Je me suis sentie abandonnée. Je crois que c'est le sentiment que doivent aussi éprouver de nombreuses petites filles de parents divorcés qui se recasent. Pas facile d'accepter quelqu'un d'autre que son papa chéri. Je croyais naïvement que dans la famille, à l'image de ma grand-mère ou de ma marraine, un homme c'était pour toujours, disparu ou non. Maman avait eu mon père. Son amour pour lui me l'avait fait placer sur un piédestal. On avait tout fait pour que papa soit l'homme de ma vie. Photos, films, souvenirs. C'est à lui que je m'adressais parfois, le soir, la tête en l'air, les yeux noyés dans les étoiles en imaginant ce qu'il aurait répondu à mes questions. Et voilà que, soudain, ce papa sacralisé devait laisser place à un autre inconnu ?

Pendant quatre ans environ, papi et moi avons cohabité sans heurts. Je n'étais pas assez mûre pour lui dire ce que je pensais de la situation. Je ne l'aimais pas comme un père, il le savait. Je lui en voulais chaque jour un peu plus de fendiller mon cocon protecteur. On évitait de parler de papa à table depuis que papi était là. Je ne supportais pas les ordres de ce dernier. Je ne comprenais pas pourquoi il commençait déjà à me parler d'avenir professionnel, d'études sérieuses, de diplômes, d'une vie de labeur, alors que je n'étais encore qu'une petite fille qui rêvait d'animaux, de chevaux à dresser, de voyages...

Et puis je ne supportais plus qu'il m'appelle Muriel. Ce beau prénom avait été choisi par mon papa. Je ne voulais pas qu'il soit prononcé par celui qui le remplaçait désormais dans le cœur de maman. D'ailleurs, à l'école, on ne m'appelait plus beaucoup Muriel ! Les garçons m'avaient déjà trouvé un surnom : Samantha, comme la chanteuse Samantha Fox, plus connue pour son énorme poitrine que pour ses tubes discographiques interplanétaires...

Il est vrai aussi que mon corps évoluait bien plus vite que ma personnalité. Les garçons plus âgés me regardaient déjà avec envie. Moi qui croyais encore aux contes de fées à la Disney, avec leurs « *happy ends* » si romantiques ! Mais j'étais quand même très fière de ces regards. Je me sentais à nouveau valorisée, admirée, aimée, désirée. Mes copines étaient folles de jalousie. Et à cet âge-là, être plus draguée que les autres rend forte et puissante, meneuse même !

C'est ainsi que, à partir de l'âge de treize ans, ma scolarité a commencé à cafouiller et à devenir chaotique.

Après avoir vaguement envisagé de devenir prof

de sport – mais pour ça aussi il faut assurer en sciences –, je n'avais plus qu'une idée en tête : être artiste ! Peu importe si c'était dans la danse, que je pratiquais depuis toute petite, dans la peinture ou le dessin, en tant que décoratrice, comédienne ou comme mannequin-photo. Je sentais que toutes ces opportunités pouvaient s'ouvrir à moi. Je savais au fond de moi que j'avais la sensibilité nécessaire, la fibre comme on dit, mais également le profond désir de m'extérioriser. J'éprouvais le besoin incontrôlable de savoir qui j'étais vraiment, de déterminer aussi ce qui me faisait réellement plaisir. Pour imposer ma vision des choses à mes parents, je n'avais pour arme que mon caractère en acier trempé à la sauce rebelle d'adolescente révoltée. Alors j'ai décidé d'emmerder mon beau-père et de lui mettre la pression pour qu'il cède à mes désirs et non aux siens.

Papi n'avait qu'une idée en tête : faire de moi une avocate ou une comptable, une fille diplômée, belle, bien habillée en toute circonstance. Bref, une fille à (bien) marier, avec tout le tralala, au premier boutonneux sorti d'une grande école quelconque et promis à un avenir économique radieux ! Plus tard j'ai voulu me marier, mais vous verrez que ce n'était pas le gendre attendu.

En gros, mon beau-père souhaitait que j'adhère à une image du bonheur que l'on peut résumer ainsi : la femme instruite, mais à la maison pour s'occuper du mari qui travaille dur pour elle... Idyllique, comme vision du bonheur !

Je me demandais parfois si Maminou la partageait. Je pense que oui. Le soir, papi rentrait plus ou moins à la même heure du boulot. Quand il arrivait, maman avait préparé le dîner, dressé le couvert. Papi mettait les pieds sous la table, dînait tranquillement avec elle, puis il se levait et allait se vautrer devant la télé ! Que faisait maman ? Elle débarrassait la table, s'acquittait de la vaisselle, avant d'aller s'asseoir à côté de lui... devant la télé.

J'ai vu pire. Un soir, à 20 heures, papi n'était toujours pas rentré. Le dîner était prêt. Maman l'attendait. À 21 heures, papi n'étant toujours pas de retour, maman se décide à dîner, range, puis file se coucher. Papi est arrivé à 22 heures. Maman s'est réveillée, est allée l'accueillir, a mis le couvert, servi à dîner et patiemment attendu qu'il finisse pour laver son assiette. Ils sont enfin montés se coucher ensemble.

Ils s'aimaient, et s'aiment toujours aujourd'hui. J'en suis sûre, mais j'avais une idée un peu plus *fun* de l'amour. Un peu plus explosive même. Et comme je n'acceptais vraiment pas que mon beau-père veuille m'aiguiller sur ses rails, j'ai fait déraper le train : j'ai changé de prénom... et de genre !

Pour le prénom, il fallait un truc original, qui sonne bien, légèrement sexy. Je vous rappelle que, pendant ce temps-là, ma poitrine poussait toujours un peu plus que chez les autres filles de mon âge et que les garçons me tournaient autour comme les mouches volent au-dessus d'un plat appétissant ! Alors j'ai réfléchi, tourné en rond, jusqu'à ce qu'un copain de classe me dise :

– Ton troisième prénom, c'est bien Lily ?

– Oui, mais ça fait lilliputien.

– Tu es toute fine. Fily, comme filiforme, ça te branche, comme prénom ?

– Fily ? Oui, c'est sympa. Adopté.

Il ne restait plus qu'à répandre la nouvelle dans toute l'école : il fallait désormais m'appeler Fily et oublier Muriel à tout jamais. Sous peine d'éruption de mauvais caractère en fusion. Ce qui fut fait dans les plus brefs délais.

Mes parents n'en savaient bien sûr rien... Pour l'instant !

Tant qu'à changer de prénom et de personnalité, il me fallait aussi un look adapté. À cette époque, le genre hard-rockeuse rebelle maquillée façon pétasse impressionnait beaucoup. J'ai déchiré mes tee-shirts, revu ma garde-robe, acheté quelques rouges à lèvres carminés, du make-up et, pour bien marquer le personnage, j'ai commencé à fumer.

Au début de cette métamorphose, pour ne pas effrayer Maminou le matin en quittant la maison, mais aussi pour ne pas la faire souffrir inutilement, je m'habillais chez nous en Muriel l'écolière. Pour aller à l'école, il fallait traverser un petit parc. Je n'avais qu'à mettre mes fringues déchirées dans un sac de sport et me changer en chemin. Maman ne souffrait pas et moi je redevenais Fily.

J'aurais du mal à vous décrire la tête qu'elle a faite un jour où, à l'improviste, elle décida de venir me chercher à la sortie de l'école pour m'emmener manger une glace. J'étais bien là, à la sortie de l'établissement, mais entourée de garçons, la clope au bec, un tee-shirt déchiré, du fond de teint outrageusement plaqué sur le visage, la poitrine saillante et la chevelure bien moins peignée que le matin. J'ai vu de la déception dans ses yeux. Elle qui faisait son maximum pour que les conflits de famille entre mon beau-père et moi ne dégénèrent jamais trop. Je l'ai rendue triste à ce moment-là. Je m'en suis rendu compte. Que pouvais-je faire ? C'était tout de même de ma vie dont il s'agissait.

Une fois que mes parents ont appris mon changement d'identité, ce fut la guerre ouverte entre mon beau-père et moi. Je l'envoyais paître méchamment lorsqu'il me donnait un ordre, s'autorisait une remarque sur mon style ou sur mes bulletins. Ma chambre était devenue un no man's land. Plus personne n'y entrait. Il faut dire que j'avais procédé à quelques aménagements de très mauvais goût. Maman l'avait au départ décorée avec du papier peint composé de petites fleurs vertes. C'était mignon. Je n'avais rien trouvé de mieux, pour marquer mon mal-être, que d'écrire au gros feutre sur les murs, sur le bois de mon bureau. J'affichais partout plein de posters hard rock, style Iron Maiden, sans me soucier de l'état du papier peint. Ma chambre était devenue monstrueuse.

J'ai bien tenté de calmer le jeu parfois, en vivant par exemple mon tout premier flirt avec Peeter, un jeune Belge. Mes parents m'avaient autorisée à passer un week-end avec lui, sur le bateau de ses parents... Avec ses parents, bien sûr ! Ce fut un délicieux moment. Muriel la romantique réapparaissait avec ses premiers bisous de jeune fille. L'histoire a duré trois mois. C'était doux, pur, le vrai petit « conte de fées de la première fois ».

Puis je me suis remise à pourrir la vie de mon beau-père. Quelle conne j'ai été, quand j'y repense ! Si, un jour, je suis une jeune veuve avec trois enfants sur les bras et une entreprise à gérer, je bénirai celui qui aura la force d'assumer tout ça. Lui non seulement a eu cette force, mais assez d'amour envers maman et nous pour s'accrocher. C'est admirable, car moi je le cherche encore ! Mais à l'époque je ne voyais en lui qu'un intrus qui me donnait des ordres et me volait un peu ma Maminou. Pour ne rien arranger, j'ai bien sûr connu de sérieuses tensions avec elle. Elle qui me maternait et m'adorait plus que tout, voilà qu'on s'engueulait tout le temps ! Un conflit de générations traditionnel, direz-vous. Oui mais, en ce qui me concerne, ce conflit « tout à fait normal » devait m'entraîner très loin dans l'irrationnel et la déraison. La fille de bonne famille allait péter les plombs !

En attendant, les hostilités avaient repris à la maison. C'était facile. Il suffisait que mon beau-père s'intéresse à mes résultats scolaires. Mes bulletins de notes étaient toujours aussi déplorables. Excepté dans les matières plus artistiques ou créatives : gymnastique, français, écriture, dessin, danse, peinture, théâtre. Là, je cartonnais ! Une vraie bonne élève, consciencieuse et assidue.

– Et ça va te mener où, de devenir artiste ? me demandait papi. Les artistes sont des marginaux, ils pointent au chômage, ils ne gagnent pas leur vie. Ce sont des clochards. Ils n'ont pas de diplômes. Comment veux-tu réussir ta vie comme ça ?

Toujours la même rengaine : « Aie des diplômes, fais carrière et tout le monde sera fier de toi. »

Évidemment, plus il me tenait ce discours, plus je faisais le contraire ! Ainsi, je me suis investie encore davantage dans la danse : je faisais du modern jazz, j'adorais. J'étais fascinée par les filles qui dansaient le ballet. J'admirais leur grâce, leur souplesse et la façon qu'elles avaient de mettre leur corps en valeur. Je les imitais. En plus, elles n'étaient pas très nombreuses. J'aurais été fière de faire partie du ballet. Il est sûr que ça changeait de l'image « tailleur-lunettes-chignon » qu'attendait de moi mon beau-père. Et je ne pouvais malheureusement atteindre le niveau exigé sans aller dans une école spécialisée. C'était hors de question. Mes parents voulaient que je suive une scolarité classique, un point c'est tout.

Je me suis alors rabattue sur d'autres sensibilités artistiques. Avoir vu dans mon enfance maman décorer la maison de campagne, choisir la couleur des peintures, des rideaux, décaper, restaurer ou patiner une matière aussi noble que le bois m'avait donné sans que je m'en rende vraiment compte une première initiation, une sensibilisation à l'esthétisme, la beauté, l'harmonie. Je faisais de la danse depuis l'âge de quatre ans, j'adorais me déguiser, jouer la comédie, peindre, dessiner, rêvasser. À l'école, j'avais choisi l'option « théâtre ». Je voulais être comédienne. Je créais les décors des pièces que l'on jouait. Je m'éclatais en jouant la commedia dell'arte et *La Mélodie du bonheur*. Mes professeurs me reconnaissaient une réelle motivation, un certain talent d'expression. En revanche, je ne faisais aucun effort pour les matières qui ne m'intéressaient pas. Je séchais même systématiquement les cours de maths ou de sciences pour aller rejoindre d'autres rebelles qui, comme moi, préféraient la cour aux cours. Maman avait beau me faire suivre des leçons particulières à la maison ou m'infliger quelques punitions, rien n'y faisait.

Papi, lui, me rabâchait toujours le même refrain. Les artistes étaient à ses yeux des gens paumés, drogués, marginaux. Pas de diplômes ? Pas d'avenir ! Et dire qu'aujourd'hui des jeunes comme moi à l'époque deviennent des stars et s'enrichissent sans aucun background scolaire...

Mes professeurs s'inquiétaient un peu de me voir ainsi tiraillée entre mes désirs artistiques et la vision classique, mais logique, de mes parents en matière de bonne éducation. Mon professeur titulaire de l'époque, qui assurait les cours de dessin, de photo, de théâtre et d'expression scénique, les a un jour convoqués afin de les inciter à m'orienter vers l'art.

– Muriel est bonne en français, elle pourrait faire du théâtre...

Il est vrai que j'écrivais déjà beaucoup. À mon beau-père quand ça n'allait pas entre nous, à mes petits copains pour espérer de l'attention en retour ou simplement pour m'évader. Mais mes parents n'ont jamais voulu écouter ce professeur. Ils m'ont donc laissée évoluer sur les sentiers obligatoirement chaotiques d'une formation classique avant de se décider à m'envoyer dans une école privée où je faisais beaucoup d'anglais, de gymnastique et d'histoire de l'art. Là, c'était le paradis ! Seulement j'étais toujours aussi peu motivée et concentrée sur les autres matières. On ne m'a pas gardée.

J'avais quinze ans quand mes parents m'ont placée en internat, dans une école privée, religieuse. Nous portions l'uniforme. Nous étions encadrées par des sœurs et la liste des interdits fixés par le règlement intérieur était tellement longue et absurde que j'ai pris un malin plaisir à en braver le plus possible.

J'ai doublé la classe de sixième, et redoublé la quatrième. Là, il a bien fallu que mes parents tendent un peu l'oreille pour écouter ce que j'avais à leur dire. J'avais seize ans. J'étais une jeune fille très sexy et donc très draguée. Je sortais le soir et mes prétendants, tous plus âgés, venaient me chercher à la maison en Porsche ou en Ferrari. Les petits copains changeaient à un rythme de plus en plus rapide. Je ne couchais pas encore avec les garçons, mais la jeune fille de bonne famille commençait tout de même à se forger une belle réputation d'allumeuse et de pétasse ! Alors que je continuais à rêver au prince charmant...

*
**

En attendant que mes parents réfléchissent à ma situation scolaire, je n'avais en effet pas abandonné la quête de l'homme de ma vie. J'étais en perpétuel besoin d'amour et d'affection. Pourtant, tout le monde m'aimait, à la maison. Mais je cherchais un mec assez fort pour endosser également la tunique de papa. Et quand j'avais le sentiment d'en avoir trouvé un, je le fuyais comme la peste ! En fait, je n'étais pas prête. J'étais encore trop jeune, trop désinvolte, trop caractérielle pour m'engager.

Alors j'ai accumulé les petits copains puis, à dix-sept ans, j'ai eu mon premier rapport sexuel. Je n'en ai pas gardé un excellent souvenir. Cela s'est passé chez les louveteaux. Le garçon en question était le frère de ma chef louveteau. Nous flirtions ensemble depuis deux mois. Un soir, nous avions organisé une fête dans le camp. J'étais dans mon uniforme, pull vert avec un gros écusson dessus, chemise, foulard vert et bordeaux et jupe grise. Forcément, pour attirer l'œil, les filles essayaient de se montrer le plus sexy possible. Pas facile, avec cet accoutrement ! Mais j'avais trouvé le truc : nouer ma chemise au-dessus du nombril. La fête battait son plein. J'avais un peu bu et lorsque les premiers airs de slow se sont mis à résonner dans la salle, ce garçon est venu m'inviter à danser. Il n'était pas beau, mais très doux. Il me caressait la nuque, ses gestes étaient lents, différents de ceux des autres petits copains que j'avais eu l'occasion de tester. Puis il m'a embrassée. Je me suis laissé faire, l'esprit embrumé par l'alcool et par un besoin de tendresse. À 3 heures du matin, nous avons discrètement quitté les autres pour nous rendre dans un local qui servait à la fois d'infirmerie et d'entrepôt pour les costumes de fête. Il y avait des miroirs partout et un matelas au sol. Là, le doux garçon est devenu bestial, brutal même, et surtout très rapide dans l'acte sexuel. Il ne s'est même pas protégé et évidemment, vu que c'était ma première fois, j'ai saigné. Quand je suis rentrée chez moi, le lendemain, j'ai pleuré toute la nuit. J'étais en proie à un double sentiment. Je regrettais cet acte car il n'avait pas répondu aux images romantiques que je me faisais de l'amour pour la première fois. Mais en même temps j'étais fière de l'avoir fait, ne serait-ce que pour dire à mes copines encore vierges que je ne l'étais plus. Je sais, c'est idiot, mais c'était de notre âge que d'essayer d'être la première à...

Le jeune homme m'a écrit, téléphoné, pendant des semaines. Il m'assurait que si je tombais enceinte, il assumerait son rôle de père. Il m'aimait. Mais je ne voulais pas le revoir. Puis, un jour, il a arrêté de me courir après. Ça m'a vexée. J'aimais qu'on me courtise en me disant « je t'aime ». J'ai donc cherché ailleurs.

À la maison, rien n'indiquait une accalmie dans nos rapports familiaux. Chaque fois que j'entrais fortement en conflit avec mon beau-père, je m'enfermais dans ma chambre et je lui écrivais des lettres. Je cherchais à m'expliquer. J'essayais de lui faire comprendre que j'étais malheureuse, que je voulais juste qu'on m'aime. Que ce n'était pas parce que je n'avais pas de diplômes que cela m'empêchait d'être aimée et respectée. Je lui confirmais que l'école classique n'était pas pour moi. Et je lui expliquais que je ne comprenais pas son attitude envers mes petits copains, qu'il rejetait assez systématiquement. Sauf Nicolas... Il avait huit ans de plus que moi, et il occupait le poste de gardien de but dans l'équipe de football de mon beau-père !

Il m'arrivait le dimanche d'assister aux matchs de foot de l'équipe de papi. Je passais l'après-midi avec les femmes des joueurs et maman au bord du terrain, près de la buvette. Nicolas était très mignon. Il avait de la personnalité et, surtout, prenait ma défense lorsque mon beau-père, pour se rendre intéressant, se mettait à se moquer de mes formes, de la façon que j'avais de m'habiller ou de me maquiller.

– Mais laisse-la tranquille, disait-il à papi. Elle est très mignonne comme ça. Tu ne la vois pas comme tu devrais.

Nicolas, qui connaissait mon beau-père, en profitait pour me donner quelques conseils.

– Ne sois pas trop dure avec lui. Il ne souhaite que ton bonheur. Il t'aime. Ne te braque pas systématiquement contre lui.

J'écoutais Nicolas. J'étais amoureuse de lui. Il me motivait pour travailler à l'école, pour avoir les bonnes notes que tout le monde attendait chez moi. Il me demandait de faire un minimum d'efforts dans mes tenues vestimentaires pour calmer l'ambiance à la maison.

– Nicolas, je ne supporte pas le fait d'avoir sans cesse à prouver que je suis bien, respectable, et capable de faire de bonnes choses. Pourquoi ne m'accepte-t-on pas comme je suis ? Les vêtements ? C'est un détail. Les diplômes ? Je n'arrive pas à concevoir que l'on s'arrête à ça.

Bref, je n'étais pas encore en âge de comprendre.

Je suis resté six mois avec lui. Nous avons fait l'amour, celui dont je rêvais quand j'étais petite, un mois et demi après notre rencontre. C'était beau. Puis je me suis rendu compte que, finalement, Nicolas tenait exactement le même discours que mon beau-père. Sauf qu'il y mettait de la douceur, du respect, des sentiments. Cela n'a pas suffi à me convaincre. J'ai repris ma liberté ainsi que ma vie de jeune fille paumée.

Mes rêves de gosse avaient eux aussi évolué. J'en parlais parfois à mon frère aîné avec qui le courant passait encore bien. Je m'imaginais à la tête du seul magasin de la planète qui ne vendait que des belles voitures, des décapotables, des voitures de luxe ! La voiture de luxe représentait également l'un des symboles de l'injustice que je voulais combattre. J'avais remarqué, lors de mes nombreuses virées en Porsche ou en Ferrari, que l'on te pardonnait beaucoup plus souvent tes écarts de conduite lorsque tu étais au volant d'une belle bagnole. Les gendarmes prenaient plus de gants avec ses occupants et un grand sourire suffisait souvent à éviter l'amende. C'était tellement flagrant que ça me révoltait. J'ai alors immédiatement compris que pour entamer cette croisade contre le pouvoir et ses avantages, il fallait œuvrer de l'intérieur. Pour cela, il me fallait de l'argent et de l'indépendance. À l'époque, je connaissais un homme de cinquante-six ans qui m'aidait à m'orienter vers cette vie d'adulte. Il s'appelait Max. Je le considérais comme un deuxième papa. Max est toujours présent dans ma vie actuelle. Et puis plus ça se passait mal avec mon beau-père, plus j'étais pressée de trouver l'homme idéal, de me marier, de faire des bébés et d'être aimée. Aimée... J'avais envie que maman soit heureuse, qu'elle me voie en robe de noces. Je lui en ai tellement fait baver ! Seulement, mes expériences avec les garçons m'avaient laissé entrevoir une autre réalité : tous n'avaient pas des idées sur l'amour aussi pures que moi, et le conte de fées n'était pas facile à trouver. En l'attendant, il fallait bien que je vive, que j'existe, que je quitte le foyer et donc que je travaille pour en avoir les moyens. J'allais bientôt devenir majeure.

Un jour, j'ai entrevu une lueur d'espoir de réconciliation avec maman. Mon beau-père n'était pas rentré à la maison et n'avait pas pris la peine de prévenir. Elle était furieuse.

– Moi aussi je peux prendre la porte comme ça sans donner de nouvelles, fulminait-elle.

C'est ce qu'elle a fait un soir, en m'emmenant avec elle et sans laisser d'adresse. Je retrouvais ma maman pour moi toute seule. J'étais heureuse. Nous vivions enfin une aventure commune. Une fugue ! J'en étais fière. Ce geste inconsidéré me confortait dans mes idées sur la vie et le bonheur.

Maman se rebellait. Comme moi, elle s'opposait à mon beau-père. Ça n'a duré qu'une nuit ! Maman avait trop peur que cette incartade détruise son couple. Elle avait besoin de papi. Elle est donc revenue vers lui. J'ai pris ce retour pour une trahison. Maman m'abandonnait une nouvelle fois pour papi. Je ne comprenais pas. J'ai cru qu'elle ne m'aimait plus. J'ai donc tout fait pour partir.

Mes parents, désespérés par mon attitude, ont fini par accepter de m'envoyer dans une école technique. J'y faisais du dessin, de la peinture, de l'histoire de l'art. Ce fut ma dernière année de scolarité. À la Toussaint, je ne voulais plus y aller. J'avais envie de gagner ma vie, d'avoir un « chez-moi », de vivre comme je l'entendais. J'ai fait l'école buissonnière jusqu'à ce que la direction appelle mes parents pour les avertir de mes absences. Je voulais trouver du travail. Inutile de préciser que mes parents s'y sont opposés comme un seul homme. De toute façon, vu que je n'avais pas l'intention de retourner à l'école, il fallait bien penser à trouver une solution. Et puis j'étais une nouvelle fois tombée amoureuse. Comme une folle. Il s'appelait Pat et avait onze ans de plus que moi.

Je sortais tout juste d'une relation épistolaire avec un jeune homme de vingt-six ans, Benoît. Je l'avais rencontré lors du mariage de mon cousin. Il ne s'était rien passé d'autre entre nous qu'un coup de foudre dans les regards. Je ne l'ai ni fréquenté, ni embrassé d'ailleurs. Benoît m'écrivait de longues lettres. C'était mon évasion. Il était fou de moi. Il me comprenait. Ces échanges ont duré quelques mois, mais ma vie a fait que je n'ai malheureusement jamais eu l'occasion de le revoir. J'étais encore en internat et je ne pouvais pas sortir le soir. Et il y a eu Pat.

J'avais dix-sept ans, j'effectuais mes derniers mois de scolarité. Quand je rentrais de l'école, non loin de l'arrêt de bus, il y avait un bar. J'aimais aller y boire un Coca rondelle avec Cricri, une amie, avant de rentrer à la maison. Pat en était le patron. C'était un très beau garçon, grand, châtain, le sourire charmeur, le regard profond et avenant, avec des yeux bleus. Il paraissait doux, amical. Au premier regard, j'en suis tombée raide dingue, sans même lui parler. Je redevenais une gamine amoureuse. J'essayais maladroitement de me faire remarquer. Progressivement, Pat est venu à moi. Nous discutions de tout, de ma vie, de la sienne. Il vivait avec une femme. J'étais née le 7, lui le 8 et nous nous étions rencontrés le 9 ! Ces détails dérisoires rendaient l'histoire encore plus belle, plus romantique. Nous étions faits l'un pour l'autre ! Parfois, il me raccompagnait à la maison. Quand il ne me voyait pas venir prendre un verre le soir après l'école, il me demandait pourquoi. Et nous sommes sortis ensemble.

C'était magique. Lors de chaque rencontre, l'air

était électrique ! Nous étions comme deux aimants incapables de résister l'un à l'autre. Pat était devenu ma raison de vivre. Une vraie relation s'installait, même s'il fallait rester discret pour ne pas éveiller les soupçons de sa copine. Ils vivaient ensemble depuis longtemps...

*
**

L'été approchait. J'avais fait une croix sur mes études. Et mon beau-père s'est alors réveillé.

– Tu veux travailler ? OK ! Je t'ai trouvé un job dans un restaurant pour juillet et août. Tu n'auras pas de vacances.

Papi pensait que me faire trimer pendant ces deux mois que mes copines passeraient à draguer et à se faire bronzer me ramènerait à la raison et me ferait reprendre mes études.

Pas de chance, ça m'a plu ! J'y suis restée trois ans ! Non seulement parce que je découvrais la vie active que j'attendais tant, mais aussi, et surtout, parce que mes horaires me permettaient de voir Pat bien plus souvent. On se retrouvait le matin, avant l'ouverture du restaurant pour les services du déjeuner, et l'après-midi jusqu'à la réouverture du resto pour le service du soir. Sa copine travaillait et nous avions donc de nombreuses heures à passer ensemble. J'étais jolie, je lui plaisais. Dès que j'ai eu dix-huit ans, nous avons fait l'amour, c'était génial.

Mais je me suis vite aperçue que Pat ne pouvait pas quitter sa fiancée. Certes il était fou de moi, mais il avait acheté le bar et sa maison avec elle. Il se sentait bloqué. Et il était très attaché à sa petite amie, au fond. Ça me rendait malade, hystérique. Sa copine, de son côté, commençait à avoir des doutes. Elle débarquait parfois en pleine nuit, sans prévenir, après la fermeture du restaurant, pour voir si nous n'étions pas ensemble. La plupart du temps, nous l'étions ! À peine rhabillés, parfois.

Cette situation ambiguë m'exaspérait. Pour récupérer Pat, je passais des coups de fil anonymes chez eux. La copine de Pat m'a rendu ces coups bas en se rendant chez mes parents pour faire un scandale et leur expliquer l'histoire. Mes parents ont dû aller voir Pat pour tenter de le raisonner, pour lui demander d'arrêter de me voir. Mais il était incapable de choisir entre elle et moi. Nous avons cassé plusieurs fois, repris avec plus de fougue. Il écrivait des lettres à mes parents quand je rentrais à la maison à des heures impossibles :

« Madame, Monsieur,

» Je me plonge dans ses yeux et je perds la notion du temps. »

On s'écrivait beaucoup, aussi. Je gardais précieusement ses lettres... Et les miennes, qu'il me redonnait pour que sa compagne ne tombe pas dessus. Ma grand-mère n'approuvait pas cette relation avec un homme dont le cœur était déjà pris. Elle a jeté toutes nos lettres. Puis un jour Pat s'est fait larguer par sa copine. Il était très malheureux. Il ne supportait pas cette séparation. Notre relation a brusquement changé. Tout s'est dégradé. Il me rendait responsable de ce départ. C'était « amour-haine ». On s'engueulait, on se quittait, on se retrouvait, on faisait l'amour, je vivais d'intenses émotions. Tout ce que j'ai vécu après, jusqu'à ce que je rencontre Brad, dont on reparlera, ne fut rien comparé à cet amour.

Quand notre histoire s'est terminée, j'ai voulu mourir. Je venais de vivre les plus beaux moments de ma vie et je ne voyais pas comment je les retrouverais un jour. Plutôt que de me tuer, pourtant, j'ai décidé de sortir en boîte, le soir même de notre séparation, et de boire à m'en rendre malade. J'étais perdue. Et ce soir-là j'ai rencontré Georges, un Grec de quarante-cinq ans. Il m'a ramenée à la maison. Je l'ai revu une fois, deux fois, plusieurs fois. Jusqu'à ce qu'il vienne dans le restaurant où je continuais de travailler avec deux billets d'avion en main :

– Fily, viens, je t'emmène te changer les idées. On part en Grèce pour le week-end.

J'ai trouvé une excuse pour aller passer deux jours avec lui. C'était très agréable. Il me chouchoutait, s'occupait de moi. Comme une princesse. Quand je suis rentrée à Bruxelles, j'ai commencé à faire tout et n'importe quoi. Je me suis mise à sortir de plus en plus, à boire énormément. Je descendais quinze verres de whisky chaque soir ! J'ai eu beaucoup de flirts avec les hommes. J'étais paumée.

Maman tentait bien de me remettre dans le droit chemin. Mais c'était inutile. Trop tard aussi, je crois. Je refusais toujours sa vision du bonheur. À la limite, j'avais plus de complicité avec ma grand-mère. Elle m'achetait des chaussures... que ma mère trouvait monstrueuses. Nous parlions de ma vie beaucoup plus facilement, ce qui était impossible avec maman qui se fâchait ou que je rendais triste. Mon vocabulaire la choquait, mon mode d'existence la paniquait. J'étais malheureuse de ce manque d'incompréhension. Je lui disais :

– Tu as le droit d'être heureuse, de te recaser, de refaire ta vie avec un autre. Pourquoi ne me laisses-tu pas cette chance-là ?

J'avais vingt ans. Il fallait que je parte de chez moi. C'était devenu invivable, insupportable. J'ai alors plongé dans le monde de la nuit.

III

C'est la tournée du Père Noël !

Après trois années passées à travailler dans la restauration, ajoutez à cela la séparation d'avec Pat, je ne me voyais pas continuer de travailler dans l'établissement qui m'employait. J'avais vingt ans, j'étais plutôt jolie, je sortais beaucoup, j'étais invitée partout. Évidemment, quand tu vis la nuit, tes relations ne peuvent que se nouer à l'intérieur de ce monde parfois peu recommandable et aux perspectives professionnelles souvent dérangeantes pour la morale. Mais j'avais décidé de chercher un nouveau job. Chaque soirée à laquelle j'assistais représentait une occasion de faire passer le message. On m'a bien sûr très rapidement proposé des petits boulots, beaucoup plus en rapport avec ma forte poitrine qu'avec mes goûts. Mais bon, je n'avais pas de diplômes, il fallait bien se servir d'autres atouts. Mon physique en faisait partie. Je me suis essayée à la photo en tant que modèle. C'était sympa. Je ne gagnais pas grand-chose. C'était pourtant la seule activité qui n'effrayait encore pas trop maman. Mais j'avais besoin d'argent pour sortir, pour m'acheter des vêtements, pour boire. Je devais passer à la vitesse supérieure.

Comme tous les chômeurs, je feuilletais régulièrement les petites annonces dans les journaux sans vraiment trouver de quoi m'emballer. J'effectuais ma recherche d'emploi avec Alex, une copine qui souhaitait dégoter un petit job pour se faire de l'argent de poche. N'allez pas croire que je cherchais mon bonheur dans les revues spécialisées pornographiques ou « hot ». Bien au contraire, c'est dans un magazine d'informations généralistes que je suis tombée sur l'annonce suivante :

« Cherche belle fille, sachant parler plusieurs langues, pour faire conversation à clients dans bar à bouchons. Commissions au bouchon. »

– Dis, Alex, ça m'a l'air sympa, ça ! Il suffit de discuter pour gagner un peu d'argent. On téléphone ?

– Mais tu sais en quoi ça consiste, ce genre de boulot ?

– Viens, on verra bien !

L'heure du déjeuner approchait.

– Allô ? Bonjour, je vous appelle pour l'annonce. Nous sommes deux jeunes filles de vingt ans. Nous parlons anglais. Nous sommes belges et majeures. On voudrait essayer.

– OK ! Pouvez-vous venir cet après-midi, à

16 heures ? Notre établissement s'appelle le Melting Pot. Voici l'adresse.

– Nous serons là !

*
**

Le Melting Pot est un bar de nuit niché au cœur d'un quartier chic de Bruxelles. Ici les galeries commerçantes alternent avec les magasins d'articles de luxe coincés entre les villas et appartements de familles belges très huppées. Cet établissement avait plutôt bonne réputation. Mais aucune de nous deux n'était dupe. Surtout moi, pour avoir fréquenté le milieu de la nuit et, par conséquent, avoir déjà entendu parler de ce type de boulot qui n'était autre que celui d'hôtesse de charme.

Le Melting Pot était avant tout ce que l'on appelle un « bar à consomme ». Un bar dans lequel descendent des industriels, des chefs d'entreprise ravis d'avoir signé un beau contrat, et d'autres hommes, friqués sans être fortunés, en vadrouille, en quête de sexe facile ou en mal de compagnie. Tous venaient au Melting Pot passer une soirée agréable... Et plus si affinités, comme on dit.

Nous filons vite à la maison pour nous changer. Tailleur BC-BG de rigueur ! Ils recherchent de belles filles, pas des rebelles au look *trash* ! Si maman me voyait habillée aussi sexy avec un chemisier et une veste ! Nous nous annonçons devant le Melting Pot. À cette heure, l'établissement est encore fermé. On nous invite à entrer. L'employé allume les lumières. Nous découvrons alors le bar avec ses gros canapés de velours rouge disséminés dans de petits salons ici et là et bordés d'étranges petites rigoles. Il y en a partout : le long du bar, par terre, derrière les fauteuils. Au fond de la salle se dresse un podium pour des spectacles de strip-tease. Mais ce qui me choque le plus, c'est l'odeur : ça pue le champagne moisi ! Je comprendrai très vite pourquoi, un peu plus tard dans la soirée.

Le repérage est fait. C'est alors qu'une femme descend lentement de l'escalier qui mène aux bureaux. Elle fait très « patronne ». Elle n'est ni classe, ni vulgaire, disons « moyenne gamme ». Je m'attendais à mieux.

– Bonjour. Vous avez déjà fait hôtesse dans un bar ?

– Non.

– Pourquoi souhaitez-vous le devenir ?

Je lui réponds :

– Pour gagner un peu d'argent et devenir indépendante. En quoi consiste le travail ?

– C'est simple. Vous êtes ici pour faire consommer les clients. Vous avez un salaire fixe chaque soir de six cents francs et vous touchez une commission de cinq pour cent sur chaque bouteille vendue. Un peu moins sur les verres. Vous êtes là pour discuter avec les clients qui souhaitent être en votre compagnie mais vous devez les faire boire. Rien de plus. D'autres filles sont engagées pour faire des spectacles de strip-tease. Ça vous intéresse aussi ?

Je jette un coup d'œil rapide à Alex. Je vois immédiatement qu'elle n'est pas chaude pour le spectacle. Dommage, j'aurais bien essayé. Mais bon, nous nous étions promis de tout faire à deux. Nous rejetons donc la proposition.

– Vous êtes mignonnes, toutes les deux ! Vous pouvez commencer quand ?

– Quand vous voulez !

– Alors venez ce soir à 19 heures.

C'est tout ! Pas une question sur notre âge. Pas un mot sur notre soi-disant capacité à parler d'autres langues, qui constituait pourtant un critère d'embauche. Et rien sur l'obligation ou non de coucher avec les clients. Nous étions belles et cela suffisait ! C'est tout juste si la patronne a regardé les photocopies de nos cartes d'identité.

De retour à la maison, Alex et moi sautions comme des puces. Nous étions surexcitées. Non pas par le job en lui-même, pas spécialement valorisant, mais surtout parce que le soir même il allait falloir gagner notre vie en usant de notre charme ! Il est très excitant de savoir que, en cas d'échec, la sanction tombe immédiatement. Si tu ne plais pas plus qu'une autre hôtesse, le client ne boit pas son champagne avec toi et les commissions s'envolent. Ce sentiment de compétition nous paraissait très motivant. J'avais également la sensation d'avoir le privilège de pénétrer un milieu encore très tabou et suspecté de tous les vices à l'époque. Toutes les hôtesses de charme et les strip-teaseuses étaient considérées comme des prostituées. J'étais donc sur le point de faire voler en éclats quelque chose qui ressemblait à un puissant interdit engendré par mon éducation catholique. Je n'imaginais pas un instant où je mettais les pieds. Mais je savais que ça me plairait !

Alex était tout aussi excitée que moi. Toujours en tailleur, on posait devant le grand miroir de la maison pour jouer à l'hôtesse et au client. On se mettait en condition. Quelle crise de rire ! C'était impossible à jouer !

19 heures. Nous sommes à nouveau devant la porte du Melting Pot. On n'en mène pas large. Le moment fatidique est arrivé : on entre ou pas ? En fait, on se posait la question juste pour avoir meilleure conscience, car nous savions toutes deux que c'était une expérience à vivre. Alors nous sommes entrées.

Il n'y a pas un client. Ouf ! Ça permet de se préparer à l'attaque masculine en règle qui ne va pas manquer de suivre. Celle-ci intervient quelques minutes à peine après notre arrivée. Quatre hommes d'affaires pénètrent dans le bar. Qu'ils sont gros et moches ! Quelle horreur ! Mais ils ont l'air heureux. Ils viennent sûrement de signer un beau contrat et décident de terminer la soirée à jouer les Casanova à grands coups de francs belges. Les clients s'installent dans les canapés rouges. La patronne, plus soucieuse des affaires de son établissement que de notre embarras de débutantes, se faufile discrètement derrière le bar et nous glisse dans le creux de l'oreille :

– Allez leur parler. Faites-vous inviter à boire. Demandez toujours du champagne. C'est ce qui rapporte le plus. Soyez agréables avec eux. Souriez.

Elle est drôle ! Ce n'est quand même pas évident d'aller vers un inconnu qui ne me plaît pas du tout en faisant semblant de lui faire croire qu'il me charme. De toute façon je n'ai pas le temps d'y réfléchir plus longtemps, puisque ce sont eux qui viennent nous aborder. Le baptême du feu commence.

– Bonsoir, moi c'est « untel ». Et vous ?

– Fily.

– Enchanté, Fily. Vous buvez quelque chose ? Nous fêtons la signature d'un gros contrat. Champagne ? Vous êtes nouvelle, ici ?

Le client a l'air d'être un habitué. Curieusement, ou contrairement à ce que je supposais, l'homme d'affaires ne s'adresse pas à moi comme à une fille qu'il sait en terrain conquis, puisqu'il est prêt à dépenser beaucoup d'argent pour se la payer ou la faire vivre en buvant avec elle. Non, l'homme n'a pas les yeux scotchés sur ma poitrine, même si son regard n'a pu s'empêcher d'y jeter un coup d'œil, et ses mains restent pour l'instant sagement croisées sur le bar. Nous discutons de tout, de moi, de lui, de la vie... Il me confirme venir souvent ici pour passer une bonne soirée avec des clients de son entreprise. Les spectacles de strip-tease sont beaux et les hôtesses généralement gentilles et professionnelles.

– Ici ce n'est pas un bar à putes, me dit-il.

Il me rassure ! Et nous buvons ! Trois, quatre, cinq coupes de champagne. À ce rythme-là, je vais rapidement devenir une spécialiste de la bouteille à bulles pétillantes ! Les jéroboams, les magnums et autres bouteilles n'auront bientôt plus de secrets pour moi... surtout pas leur prix !

Toujours est-il que, au bout de sept coupes de champagne, je suis complètement pompette. Saoule, l'hôtesse ! La honte ! Alex n'est pas mieux que moi. On se regarde, les yeux vitreux. La patronne, qui garde un œil sur tout, me lance alors un regard complice en remplissant à nouveau nos coupes. J'ai adoré ce premier regard qui te fait tout comprendre : « Maintenant, Cocotte, tu es de la maison ! Bienvenue au club. T'inquiète, la mamma va s'occuper de tout. »

Elle s'occupe si bien de moi que, après avoir difficilement porté cette huitième coupe à mes lèvres, j'ai l'agréable sensation d'un goût léger et sucré. La patronne a mis fin à mon calvaire d'alcoolique en remplaçant mon champagne par du jus de pomme pétillant ! Je lui porte un regard aussi complice que reconnaissant. Elle s'en moque : elle n'a fait que son travail.

Je poursuis donc la conversation avec mon client tout en m'assurant que lui boit bien du champagne. On prend rapidement certains réflexes « économiques », quand il s'agit de gagner sa vie !

La soirée se déroule tranquillement. D'autres hôtesses sont arrivées depuis. Il doit être 20 h 30. C'est l'heure à laquelle une Chinoise d'un mauvais genre débarque dans le bar. « Miss sans Gêne » ! Elle passe de client en client, même avec les nôtres. Elle les caresse, les pelote, et propose même à certains d'aller directement faire l'amour moyennant finances dans un hôtel voisin. C'est une prostituée ! Et dire que mon client m'assurait une heure avant que nous n'étions pas dans un bar à putes... Celle-là en était pourtant un beau prototype, ou c'était une nymphomane ! En fait, j'ai appris les jours suivants qu'on la laissait « travailler » à l'intérieur parce qu'on lui devait de l'argent et qu'il valait mieux ne pas froisser ses protecteurs, certainement issus d'une mafia quelconque. C'était de la concurrence déloyale, mais comme je débutais je n'ai rien dit. Et tant que l'on ne me demandait pas de faire comme elle, ça allait. Je restais donc concentrée sur mon objectif : faire consommer les clients.

À ce sujet, il me faut maintenant expliquer à quoi servent les petites rigoles aperçues en pleine lumière l'après-midi et qui se révèlent plus discrètes une fois les éclairages tamisés. Nous sommes dans un « bar à consomme ». Plus tu fais boire le client, plus tu gagnes de l'argent. Le principe est enfantin. Seulement, et j'en ai subi la cruelle expérience il y a une heure, une jeune femme de vingt ans tient moins longtemps l'alcool qu'un homme, même si, dans ce domaine, mes consommations de whisky le soir en discothèque frisaient l'alcoolisme chronique. Mais j'avais plus de mal à supporter le champagne. Comment, alors, résoudre l'équation suivante, faire consommer un client jusqu'au bout de la nuit sans être ivre avant lui ? Réponse : en buvant moins que lui, mais sans qu'il le remarque. D'où la présence des petites rigoles dans tout l'établissement. Ces discrets petits caniveaux servent tout simplement à évacuer les litres de champagne que les filles jettent dedans habilement et discrètement après avoir détourné l'attention de leur client. Et c'est pour cela que ça pue le champagne moisi dans la salle. Il existe également le coup du jus de pomme, mais il est réservé aux cas d'extrême urgence, d'extrême cuite, devrais-je dire ! En attendant de savoir bien manier l'art du jeté de coupe, j'ai continué à avoir droit au traitement jus de pomme pétillant pour les fins de soirée. Mais je me suis rapidement adaptée.

La soirée se termine vers 2 heures du matin. Chaque hôtesse fait le compte des bouteilles et des verres consommés par ses clients, le note sur une feuille et s'en va. On sera payée un peu plus tard. La boîte avait beau être bien située, elle était un peu sur le déclin ces derniers temps. De nombreux autres établissements bien moins classes mais sûrement plus abordables s'ouvraient ici et là à Bruxelles et dans les environs. Le monde de la nuit bougeait pas mal. En ce qui me concerne, je faisais confiance à la patronne. Elle nous paierait.

En sortant du Melting Pot, j'étais soulagée. Personne ne m'avait mis la main sur les cuisses. Aucun client ne m'avait proposé de rendez-vous douteux ou vulgaire et encore moins d'argent. Ils avaient même été plutôt gentils et agréables avec moi. Mon côté femme enfant et l'innocence de la débutante devaient les toucher. Pourvu que ça dure !

*
**

Cette première expérience fut très motivante. C'était décidé, je recommencerais demain. Alex aussi ! Et puis nous avions quand même gagné, en une soirée, six cents francs de fixe, sans compter ce qu'allaient rapporter nos commissions. Pas mal pour juste boire à l'œil et discuter avec des hommes ayant, pour la majorité de mes clients en tout cas, plus besoin d'un psy et d'écoute que d'une femme pour la nuit.

Évidemment, j'ai eu tout de suite le loisir de le découvrir, il y avait aussi des clients vicieux, uniquement portés sur le sexe. Ceux-là je les reconnaissais à cent mètres. Pas besoin d'être hôtesse ! J'en avais déjà vu tourner pas mal autour de moi depuis quelques années. Leur approche était stéréotypée. Ils arrivaient vers les filles, leur mettaient la main sur la cuisse pour parler, les prenaient par l'épaule, et ainsi de suite. Là, il faut savoir repousser délicatement... ou accepter ! Chacune des hôtesses était libre de sa sexualité, du moment qu'elle faisait consommer le client. Les affaires sont les affaires ! Je n'ai connu que très rarement ce genre de situation délicate.

En deux semaines, à raison de trois ou quatre soirées de travail par semaine, Alex et moi sommes devenues de vraies hôtesses. Nous savions par exemple que les hommes ne sortaient pas le mardi et le jeudi. Il devait certainement y avoir du foot à la télé ! Mais nous avions surtout passé ces quinze premiers jours à observer les filles. Un peu comme dans un laboratoire. L'objectif était de repérer la technique du jet de coupe de chacune pour parer à toute éventualité. Leur façon, aussi, de se débarrasser gentiment des clients encombrants. J'observais la précision et la souplesse avec lesquelles les hôtesses versaient leur champagne dans les fameuses petites rigoles pour mieux se faire resservir dans la foulée. Certaines passaient leur bras autour du cou de leur client et déversaient le breuvage dans une rigole située dans son dos. D'autres faisaient mine de se remettre les cheveux en place. D'autres enfin se faisaient aider par des copines complices chargées de détourner quelques secondes l'attention du client, quand ce n'était pas la patronne qui mettait la main à la pâte. Tout était permis pour tromper l'ennemi.

Ce petit manège me fascinait. On prenait vraiment ces hommes pour des abrutis ! Pourtant chacun d'eux connaissait les règles de ce genre d'établissement. Alors qui se moquait de qui ? Pourquoi laisser flotter dans cet endroit une odeur nauséabonde de champagne éventé alors que tout le monde avait repéré la technique ? Tout était d'une totale hypocrisie ! Mais c'était drôle. Je l'ai vraiment pris comme un jeu.

C'est aussi au Melting Pot que je me suis familiarisée avec le strip-tease. C'est là que j'ai appris à respecter ce travail, à en avoir envie aussi. Lorsque j'évoquais la possibilité d'essayer, Alex ne voulait pas en démordre.

– Non, on ne se lance pas dans le strip. Ma mère a déjà des soupçons sur mes activités nocturnes. Si elle apprend ce que je fais, je vais passer un sale quart d'heure. Alors tu imagines, si je fais du strip ?

Il est vrai que depuis deux semaines les affaires marchaient pas mal pour nous. Nous avions les moyens de nous acheter plein de fringues, nous pouvions sortir sans demander de l'argent de poche à nos parents, ce qui les intriguait autant que ça les inquiétait.

Je sentais pourtant qu'Alex allait bientôt abandonner l'aventure. Elle n'avait pas les mêmes besoins financiers que moi et n'envisageait ce boulot, certes lucratif, que comme une passade excitante de sa jeunesse.

Les spectacles de strip-tease m'offraient toujours un moment de répit. Les clients regardaient ces demoiselles se déhancher. Moi aussi. Trois ou quatre filles assuraient les strip-teases du Melting Pot. Leurs numéros, sans être extraordinaires, étaient pourtant élaborés, soft et assez beaux à regarder. Une fille perruquée se trémoussait sensuellement dans une baignoire transparente. Elle se passait de la mousse avec une éponge sur son corps nu. Une autre entrait sur scène habillée en femme araignée, avec des sous-vêtements rouges. Elle s'accrochait alors à une toile de cordes tendue en travers du podium. Ses gestes étaient lents, calculés, sensuels. Elle s'accrochait par les pieds et laissait descendre sa longue chevelure vers le sol. Soutien-gorge puis string restaient accrochés dans la toile au fur et à mesure que l'artiste se dénudait. Le jeu de lumières, lui aussi convenu à l'avance, donnait au spectacle un aspect professionnel et artistique qui me séduisait. C'était beau, tout simplement. Le strip-tease réunissait des sensibilités et des qualités qui me convenaient bien : souplesse, sensualité, danse, art de mettre son corps en valeur, attrait de la scène, possibilité de canaliser l'attention de tout un public, spectacle élaboré, pas de vulgarité. Bref, j'étais conquise par ce que je considérais désormais comme un art, mais pas encore comme un métier éventuel.

De là à franchir le pas, il n'en était pas encore question. C'est que malgré mes airs de rebelle sexy et ma poitrine opulente, je n'étais qu'une jeune fille pudique marquée par une éducation bourgeoise. L'idée de me mettre complètement nue sur un podium livrée aux regards d'inconnus en rut me dérangeait un peu. Mais mon opinion sur cette profession évoluait au fil des nuits passées au Melting Pot.

Comme ceux qui dénigrent systématiquement sans rien y connaître, au début je pensais aussi que le strip-tease n'était réservé qu'à de pauvres filles sans valeur ni vertu. Il y en avait certainement, mais j'ai également découvert des femmes simples, un peu paumées, qui n'avaient trouvé que ce moyen-là pour faire gonfler le petit salaire de leur mari. Je les respectais. Il ne faut tout de même pas croire qu'il est facile et valorisant, pour l'estime que l'on a de soi, de se faire draguer par des hommes mûrs qui ne voient généralement en toi qu'un objet sexuel et auxquels tu dois tout de même tenir charmante compagnie. Le tout sans avoir à se prostituer. Or j'en ai vu un paquet, de ces jeunes femmes bien élevées et diplômées, obligées de pratiquer la prostitution occasionnelle pour boucler les fins de mois ! Et ce serait mieux qu'hôtesse ou strip-teaseuse dans un « bar à consomme » ? Le strip-tease, ce n'était pas de la prostitution. J'en étais maintenant convaincue.

*
**

Bien sûr, après le spectacle, cela n'empêchait pas certains hommes excités de proposer des rendez-vous à l'hôtel. Mes clients, eux, continuaient d'être polis et prévenants avec moi, même si certains ne pouvaient s'empêcher d'avoir la main un peu baladeuse. Je dégageais apparemment encore cette fraîcheur et cette candeur qui amenaient les hommes à venir vers moi pour avoir un contact amical et compréhensif. Les uns me racontaient leurs problèmes de couple, les autres leurs soucis avec un enfant handicapé ou drogué, ou avec leurs affaires. Certains me laissaient de gros pourboires sans contrepartie :

– Tiens, plutôt que de payer une bouteille, je préfère te donner l'argent pour que tu t'achètes ce dont tu as besoin.

Je ne leur donnais rien d'autre en échange qu'un sourire et une conversation amicale. Ces clients me demandaient souvent ce que je fabriquais dans ces endroits indignes d'une jeune fille bien éduquée. Pourquoi mes parents me laissaient-ils faire ? Je ne correspondais pas à l'image qu'ils se faisaient d'une hôtesse de charme, c'est-à-dire une prostituée en puissance ou une « vieille » qui n'avait plus que ce choix pour vivre.

Je leur racontais mes problèmes familiaux, mes envies de liberté sans en avoir les moyens, mes rêves de prince charmant, qu'ici je faisais juste mon boulot...

Je n'aguichais personne. Je me sentais utile. Je pensais aussi à tous ceux qui colportaient une fausse image de la profession. Pour ceux-là, les « bars à consomme » n'étaient qu'un lieu de luxure où des filles faciles devaient, obligatoirement, forniquer dans des petits salons glauques. Ils avaient en partie raison, s'ils ne se bornaient qu'à l'épisode de la pute chinoise qui taillait des pipes aux clients derrière le bar ou dans un canapé. Au Melting Pot le vulgaire côtoyait le charme, la prostitution marchait sur les plates-bandes de la séduction. Mais de là à tout mettre dans le même panier ! L'air ne fait pas la chanson, comme on dit.

Mon esprit rebelle et justicier ne m'avait pas abandonnée. Je détestais les idées préconçues et formatées entendues ici et là dans le monde de la journée sur mon activité ou sur les lieux qui l'accueillaient. Je n'avais jamais couché pour de l'argent et je ne l'ai jamais fait, je l'ai dit. J'en étais de toute façon incapable, même s'il me fallait du fric pour m'installer dans un appartement bien à moi.

Pour moi, la définition est claire. C'est quoi, une prostituée ? Une fille qui couche ? Dans ce cas, il y en aurait énormément.

Une fille qui accepte des cadeaux d'un homme

qui lui plaît en amour ? Alors tout plein de femmes, mariées ou non, seraient coupables de prostitution. Ridicule. Non, une prostituée, c'est une fille qui accepte de l'argent, ou des présents, d'un homme qui ne lui plaît pas et avec qui elle fait quand même l'amour. Ça ne m'est jamais arrivé.

J'en ai pourtant vu, des salopes sans scrupules. Tout était bon pour pomper le fric des clients. Tout comme j'ai vu avec elles, dans ces endroits, des hommes connus, riches ou influents. Ces filles avaient de beaux vêtements, se faisaient transporter en Jaguar et se faisaient baiser, c'est le mot quand on n'aime pas, dans des hôtels miteux ou dans des villas luxueuses par des hommes mariés, visqueux ou vicieux, ou tout à la fois ! Quelque part je les admirais, car je ne pouvais pas comprendre comment elles y arrivaient. C'était en tout cas impensable pour moi.

*
**

Plus je devenais professionnelle, plus l'ambiance se dégradait avec les autres hôtesses. Je devais désormais lutter contre la concurrence, les médisances, la jalousie, et contre les filles qui essayaient de me piquer les clients sous mon nez. Sans compter les prostituées qui venaient toujours un peu plus nombreuses. Leur présence permettait d'attirer quelques consommateurs supplémentaires, à cette époque où le Melting Pot voyait s'éloigner ses heures de gloire et de prospérité. L'endroit devenait un peu plus malsain.

Jusqu'au jour où mon Père Noël est entré dans le bar. Cela faisait deux mois que je bossais ici.

Un soir, donc, un monsieur costaud avec une bonne bouille ornée d'une grande barbe blanche s'approche de moi. Le Père Noël tout craché ! Il m'aborde d'une manière tout aussi classique que mes autres clients. Mais son côté paternaliste me touche. Très vite nous nous racontons nos vies. Il travaillait dans la sidérurgie, habitait à cent cinquante kilomètres de Bruxelles mais était régulièrement amené à venir y régler ses affaires. Il était marié, pas très heureux en ménage, mais n'était pas un habitué des « bars à consomme ». C'est d'ailleurs la première fois que je le vois ici. De mon côté, je lui explique mes problèmes familiaux, mon besoin d'argent pour m'acheter un appartement. Il paraît visiblement triste qu'une jeune fille comme moi ait atterri ici. Il est parti. On s'est revu. Et revu. Et encore revu.

Père Noël venait me voir au bar deux fois par semaine. Nos conversations étaient douces, intelligentes, pleines de bon sens, de charme et d'émotions. Très vite, je suis devenue la fille qu'il n'avait jamais eue. Je l'appelais « Père Noël ». Il ne voulait plus que je fréquente ce genre d'établissement. Père Noël tenait à me protéger.

Au début, il me glissait des pourboires énormes

sous la table pour compenser le manque à gagner qu'entraînait la présence de prostituées dans le bar. Il n'attendait rien de ma part. C'est inexplicable, mais je le sentais. J'étais sa petite princesse. Il jouait les papas poules et j'en étais émue. Ses largesses étaient encore insuffisantes pour que je lâche mon job, mais sa gentillesse désintéressée me faisait du bien. Il me payait le taxi pour venir travailler, pour rentrer à la maison. Il m'avait présenté à des amis qui tenaient un restaurant à côté du Melting Pot et où j'avais désormais table et crédit ouverts. Il me couvait, me mettait en garde contre le vice de certains clients. Ses bontés me permettaient de m'acheter des tonnes de fringues, de sortir, de me sentir libre. Il m'avait même ouvert un compte en banque. J'étais rassurée de savoir qu'en cas de coup dur un Père Noël veillait sur moi.

Pourtant, il n'était pas là lorsqu'un client m'a pris pour du bétail à vendre, pour de la viande fraîche à dévorer sans délicatesse, ni modération.

L'homme en question était un habitué. Je l'avais souvent vu venir passer des soirées avec des clients étrangers, et les filles m'avaient raconté sa vie. Ce soir-là, il était accompagné de Russes. C'était un homme d'une quarantaine d'années, très chic dans son costume Hugo Boss, avec ses boutons de manchette en or, sa montre de joaillier et ses chaussures bien cirées. Il travaillait dans le pétrole, sa femme était avocate. Il avait des enfants sur lesquels veillaient en permanence deux nounous. Il passait sa vie à travailler et à écumer les bars comme celui-ci. Ses bonnes manières étaient plutôt rassurantes... Jusqu'au moment où il me sort, sûr de son fait, comme si je ne pouvais pas refuser :

– Après ton boulot, tu me rejoins à l'hôtel. Tu couches avec moi et je te donne cent mille balles !

– Désolée, je n'ai pas envie de coucher avec vous. Et encore moins pour de l'argent. Je ne suis pas à vendre !

Vexé, l'homme s'emporte.

– Écoute, petite, je connais ta vie. J'ai envie de coucher avec toi. Je sais que tu as besoin d'argent. Alors tu prends celui que je te propose et c'est tout ! Ça nous arrange tous les deux.

J'ai eu envie de le frapper ! Ce n'était pas la première fois que l'on me faisait une proposition aussi insultante. Et puis il ne me plaisait pas. J'avais déjà couché avec des hommes dont je n'étais pas vraiment amoureuse, comme ça, pour me faire plaisir. Mais jusqu'à présent c'est moi qui les choisissais et c'était gratuit !

Je me suis calmement levée de table pour aller me plaindre auprès du patron qui, exceptionnellement, officiait ce soir-là.

– Ici le client est roi, me répond-il. Mets ta fierté de côté et prends l'argent sinon il ne reviendra pas. La boîte doit tourner !

*
**

Je venais d'atteindre les limites que je m'étais fixées : jamais de prostitution. J'ai donc décidé d'arrêter d'être hôtesse. J'accepte de recevoir ce que l'on me donne si les gens acceptent de recevoir ce que je veux leur donner. J'ai commencé dans ce métier en voulant donner de l'attention et de l'affection. Si j'avais été une pute à l'époque, comme on l'a dit, je n'aurais pas été hôtesse. Je vivrais dans une superbe propriété, je roulerais en Jaguar. Et je claquerais plein de fric !

Aujourd'hui, vu l'acharnement dont je fais l'objet, j'en viens à regretter de n'avoir pas eu cette mentalité à l'époque. Quitte à ce qu'on salisse mes rêves, mes sentiments, ma nature, mon être tout entier, j'aurais au moins su pourquoi la presse a voulu détruire ma vie. Oui, j'ai parfois regretté de ne pas pouvoir coucher avec un mec sans avoir de sentiments. Pour avoir la réputation que j'ai maintenant ?

Quand j'ai raconté tout ça à mon Père Noël, il a été traumatisé. Il s'est alors mis à tout faire pour que je n'aie plus besoin de retourner au Melting Pot. Dans les jours qui ont suivi cet incident, Père Noël m'a aidée à trouver un appartement. Et quel appartement ! Il était situé dans la tour d'un petit château. C'était bien sûr inabordable pour mes finances. Mais Père Noël payait tout : le loyer, les charges, la bouffe aussi quand j'oubliais de me nourrir sainement, à force de vivre la nuit et de dormir le jour. Il m'a aussi acheté tout le mobilier nécessaire, du lit aux petites cuillers en passant par le sèche-cheveux. Nous choisissions tout ensemble. C'était comme un vrai papa ! Il me sortait au restaurant, s'inquiétait de mon bonheur, de mes relations avec mes petits copains. Il me donnait ses conseils sur la vie, m'interdisait de rentrer en stop le soir. Un vrai saint-bernard... Ce genre de contact me manquait tellement !

Je me suis accrochée comme une folle à son amitié, à son affection. On ne se voyait que deux fois par semaine, mais c'était intense. Nous avions passé la Saint-Valentin ensemble, en tête à tête dans un restaurant, avant que je ne sorte en discothèque... sans lui ! Je savais qu'il ne me demanderait jamais de coucher avec lui. Nos relations n'étaient pas de cet ordre. Il me présentait ses copines, me demandait ce que j'en pensais. Il me racontait les relations problématiques qu'il entretenait avec son fils et m'apportait à la maison des tartes à la fraise que je dévorais avec mes copines, car lui était au régime.

J'ai ainsi été, pendant huit mois, aimée et totalement entretenue. Où était le mal ? Nous ne sommes jamais partis en vacances ensemble. Jamais Père Noël n'a vécu dans mon appartement. J'étais libre et couvée. Le bonheur.

Mes parents refusaient cette relation et ne souhaitaient pas rencontrer ce nouvel homme de ma vie. J'avais déjà eu un papa, disaient-ils ! J'en étais triste car tout était pur entre nous. Ils ne le comprenaient pas. De toute façon, ils ne pouvaient plus comprendre grand-chose, les pauvres. Mon statut d'hôtesse les remplissait d'inquiétude, ma vie leur était étrangère, j'avais largué les amarres... Mais ils ne m'avaient pas abandonnée pour autant.

Sans soucis matériels, j'en ai profité pour reprendre des études et suivre des cours du soir. J'ai raté deux examens sur sept. Mais plutôt que de les repasser, j'ai abandonné. Dommage ! La situation économique belge n'était pas florissante et Père Noël commençait à avoir du mal à suivre financièrement mon train de vie. Faute de moyens, j'ai dû me résigner à lâcher mon appartement de princesse. Il me fallait à nouveau rechercher du travail. Et pour ça, je ne connaissais qu'une adresse : le monde de la nuit.

IV

Mise à nu

Quand Père Noël m'a annoncé qu'il fallait un peu réduire les dépenses, je sortais beaucoup, je vivais, je passais ma vie au téléphone. J'acceptais quelques petits boulots d'hôtesse d'accueil – normale, je précise ! – je vivais dans un château, heureuse, et j'avais pris goût à un certain confort. Ah, quand une femme goûte au luxe...

Quitter cet appartement fut un déchirement. Mon mobilier était entassé dans un garde-meubles. Je n'avais plus qu'à trouver un nouveau château.

Ce n'est pas un château, mais d'énormes bureaux désaffectés sur lesquels j'ai craqué. J'y ai emménagé avec Stéphane, un copain rencontré en boîte. Il était décorateur d'intérieur et se régalait à l'avance de pouvoir façonner ce duplex de cent cinquante mètres carrés dont le loyer n'était que de deux cents euros par mois. La belle aubaine ! Père Noël m'aidait pour le loyer et le propriétaire nous faisait cadeau des charges. Nous avons pris un immense plaisir à transformer ce lieu, à le repeindre, pour finalement en faire en un palais des Mille et une nuits. Cet endroit était devenu magique à mes yeux.

Pour assurer l'intendance, je faisais quelques petits boulots de secrétaire, d'hôtesse d'accueil ou des séances photo. Je sortais aussi beaucoup le soir, pour multiplier les occasions de trouver un emploi.

Une nuit, dans l'une des discothèques que je fréquentais, j'ai rencontré un marginal. Il était bodybuilder, tatoué, toujours en train de flamber son argent et de faire le show. Il vivait avec un pitbull et un serpent. Je n'y suis pas allée par quatre chemins :

– S'il te plaît, trouve-moi du boulot. J'ai absolument besoin de gagner ma vie mais sans jamais me prostituer. Tu fais des spectacles. Tu bosses pour qui ?

– Attends une minute, je vais te présenter à mon agent, Laurent. Il est dans la salle.

J'ai donc rencontré le fameux Laurent. C'était le patron d'une agence de spectacles qui organisait des défilés de sous-vêtements, des strip-teases ou des shows drag queens partout où on le lui demandait.

– On cherche quelqu'un pour les défilés de sous-vêtements. Ça te tente ?

Et voilà comment je suis devenue mannequin. Mais pas chez Dior, je vous prie de le croire ! Dès le week-end suivant, j'ai commencé à écumer les podiums plus ou moins crasseux de boîtes de nuit perdues en province, de fêtes étudiantes, de bars lugubres, de soirées organisées et de salles des fêtes en tout genre. La seule liberté que l'on me laissait était de choisir ma tenue de défilé : dentelle sexy ou petite fille ! J'ai essayé les deux. Je participais aussi à des élections de Miss aussi prestigieuses que « Miss String », « Miss Sous-Vêtements », « Miss Belle Poitrine » et autres titres de gloire dont on est fier le temps d'un soir. Je gagnais tout le temps. Je m'en amusais comme une gamine. Le moment de la compétition revenait et Fily ressortait ses griffes !

J'ai également pris goût aux sous-vêtements. Je trouvais que ça habillait merveilleusement la femme, malgré la rareté du tissu. Je me trouvais belle avec. Je souriais en me rappelant le jour où maman a dû choisir mon premier soutien-gorge. Il était loin de ressembler à ceux que je portais sur scène. Dans cet accoutrement, Fily l'ado rebelle ressemblait à « bobonne » avant l'heure ! Tout ce que je fuyais, justement. Oh, le coup au moral ! En portant ce robuste et inconfortable soutien-gorge, j'avais l'impression de ne plus vivre avec mon temps. Mes copines n'en portaient pas encore. Je me sentais décalée.

Même si je ne défilais pas sur des podiums somptueux, j'étais fière de mes prestations, comme une jeune femme qui aime séduire peut l'être lorsqu'elle a enfin trouvé le contenant pour embellir le contenu. Je me suis mise à collectionner les dessous. Je mettais mon corps en valeur, je me sentais regardée, enviée, désirée. C'étaient de belles sensations à vivre. Et puis j'aimais le côté « troupe » qui se déplaçait sur la route lorsque nous partions en tournée chaque fin de semaine.

Le rendez-vous était généralement fixé à 19 heures, à l'agence de Laurent. On choisissait les sous-vêtements avec lesquels on voulait défiler parmi une collection incroyable, puis on partait. En voiture. Les spectacles se déroulaient souvent dans le fin fond de la Belgique ! Je ne rentrais jamais chez moi avant 5 heures du matin, après avoir écumé trois ou quatre lieux différents pendant la nuit. La répétition des défilés n'était pas toujours facile à supporter, physiquement et moralement. Mais je me sentais comme intégrée à une petite famille d'artistes partis en vadrouille dans le pays. Laurent, notre « Charlie », mettait en valeur ses « Drôles de dames ». Nous étions tous complices. Nous déjeunions, dînions ou petit-déjeunions ensemble. Personne ne se droguait. J'en profitais d'autant plus que je n'avais pas de soucis de loyer, vu le montant dérisoire de celui-ci. Stéphane, mon colocataire, jouait au grand frère, et je pouvais toujours compter sur Père Noël.

La tête qu'il a faite quand je lui ai dit que je défilais presque nue dans des boîtes de nuit ! En plus, je le faisais pour deux francs six sous ! Père Noël a fini par se rendre à la raison. À ma raison.

– Bon, tant que tu me jures de ne pas retourner au Melting Pot ou dans ce genre d'endroit, amuse-toi, si ça te plaît. Mais ne fais pas de bêtises.

– Promis !

J'ai pu continuer à travailler dans un bon état d'esprit et découvrir encore plus en profondeur ce monde nocturne que je fréquentais pourtant depuis longtemps déjà. Je ne savais pas encore que je ferais carrière dans ce milieu de la nuit. Je trouvais simplement normal d'en faire partie, car à l'époque tous les jeunes vivaient la nuit et allaient en boîte. J'étais dans mon monde.

J'avais un peu coupé les ponts avec maman et je refusais de voir mon beau-père. Je le fuyais pour ne pas avoir à entendre ses critiques sur ma vie. Maman n'acceptait toujours pas mon Père Noël. Nous n'avions plus grand-chose à nous dire. J'ai donc délaissé la famille un certain temps. Les tournées s'enchaînaient pendant que les hommes, eux, se déchaînaient autour des podiums. Je faisais des progrès dans les défilés. J'acceptais totalement ce jeu de séduction. Et, par conséquent, je plaisais beaucoup à ces messieurs. L'ambiance des défilés de sous-vêtements n'est pourtant jamais aussi électrique que celle des strip-teases. Avec mes copines, nous servions en quelque sorte à réchauffer la salle avant que les strip-teaseuses ne tentent d'y mettre le feu. Elles n'avaient souvent pas à se forcer pour déclencher les cris et grognements presque bestiaux de mâles avides de fantasmes devant une femme nue qu'ils ne posséderaient jamais. Qu'ils ne toucheraient même pas. Au moins, au Melting Pot, les spectateurs étaient plus calmes !

*
**

J'ai donc fait des défilés pendant quelques mois. Stéphane venait souvent me voir. Ça l'amusait énormément. À la maison, c'est devant lui que je testais mes passages. C'est alors que s'est présenté devant moi, sans crier gare, le premier grand tournant de ma carrière. De ma vie, même. L'heure d'effectuer mon premier strip-tease !

Cela devait faire six mois que je défilais en sous-vêtements pour Laurent. J'avais pris le coup. Chaque spectacle représentait l'occasion de mettre mon corps en valeur et j'étais plutôt fière de déclencher l'excitation du public. Dans mes sous-vêtements, j'étais une vraie allumeuse ! Provocante à souhait, mais c'était si facile ! Séductrice, mais pas dévoreuse d'hommes !

Un soir, notre troupe de charme débarque dans l'une de ces nombreuses petites discothèques de la lointaine banlieue de Bruxelles. L'endroit était vieillot, enfumé, mal fréquenté. Au fond de la salle, la lumière d'un gros spot jaillissait tant bien que mal à travers les plaques de verre fumé crasseuses d'un podium de fortune installé à la hâte. En s'approchant de l'estrade, on pouvait voir sortir des échardes prêtes à meurtrir le corps des filles qui allaient devoir se dénuder et faire leur numéro un peu plus tard dans la soirée.

À notre arrivée dans la boîte, les clients étaient déjà bien échauffés par l'alcool. Ils nous regardaient passer en direction des vestiaires avec des yeux de fauves affamés, comme si nous n'étions que d'appétissants steaks bientôt jetés en pâture. Quelques hurlements caractéristiques de mecs en rut accompagnés de sifflements peu distingués s'élevaient de la foule. Le spectacle n'avait même pas débuté ! Inutile de chauffer la salle, ce soir...

Les premières filles passent déjà sur le podium en sous-vêtements quand Laurent s'approche de moi et me lance dans son langage toujours un peu cru :

– Fily, je suis dans la merde. Il me manque une fille pour faire un strip-tease. Tu peux la remplacer ?

– Mais je n'ai jamais fait de strip ! Même pas pour mon mec ! Alors pour des inconnus... Je vais être nulle. Les gars vont me jeter des tomates !

– Ne t'inquiète pas. Tu en as déjà vu assez pour savoir en quoi ça consiste. Ce n'est pas difficile. Tu es mignonne, bien foutue. Il suffit que tu enfiles un string, que tu danses un peu, que tu te mettes à poil et ça passera ! Ce soir le public n'est pas très difficile. Peu importe ta chorégraphie, ça les fera quand même bander.

Ç'a le mérite d'être clair ! Laurent attache peu d'importance au côté artistique du strip qui me séduit tant. Il a un contrat à remplir, un point c'est tout.

– Bon d'accord, je le ferai, pour te rendre service.

Je venais de franchir le pas ! Quelle angoisse. Quelle fierté aussi. Ce n'était pas moi qui avais à tout prix voulu faire du strip. On me le proposait parce que mon corps plaisait. C'était rassurant, gratifiant, à une époque où tout ce que je faisais était destiné à me mettre en avant d'une façon ou d'une autre pour me sentir bien.

Je suis donc mon manager dans une petite pièce qui sert à la fois de lieu de stockage des packs de bière pour la boîte et de loge pour artistes.

– Tiens, voilà ton costume. Dépêche-toi, tu as un gros quart d'heure avant d'entrer en scène. Tu veux danser sur quelle musique ?

Je ne connaissais strictement rien en la matière. Et ce n'était pas la musique démodée que programmait le DJ de la discothèque, et sur laquelle je dansais déjà en boîte quand j'avais seize ans, qui m'inspirait.

– Laurent, je suis plutôt fleur bleue, romantique. Je pense qu'une musique lente me conviendrait mieux.

– Whitney Houston, ça te va ? C'est à la fois lent et rythmé dans le refrain. Je m'en occupe avec le DJ. Habille-toi !

Je jette alors un coup d'œil sur ma tenue. Qu'elle

est kitsch ! Laurent m'a donné une panoplie complète de Goldorak ! Enfin, le strict minimum ! L'ensemble est tout argenté. Mon déguisement est composé de bottes à talons, d'une minijupe, d'un string, d'un soutien-gorge et d'une cape assez courte à poser sur les épaules. Pour meubler ma chorégraphie qui sent l'improvisation à plein nez, je n'ai pour accessoire qu'un petit voile à faire virevolter autour de mon corps. Ce n'est pas avec ce morceau de tissu que mon imagination risque de s'épuiser.

Bien sûr, entre mon expérience d'hôtesse au Melting Pot et mes tournées avec Laurent, j'avais déjà assisté à bon nombre de strip-teases. Mais de là à savoir reproduire sur scène les figures imposées par ces numéros, ce n'était pas gagné. Me voici donc transformée en une « Goldorak woman » sexy et tremblante comme une feuille à l'idée de me lancer lorsque j'entends le DJ s'époumoner dans le micro, pour faire monter l'ambiance :

– Et maintenant, j'ai le plaisir de vous présenter Fily. C'est son tout premier strip-tease. Applaudissez-la bien fort.

Comme si je n'avais déjà pas assez de pression ! Je n'ai pas intérêt à me louper. Les mecs vont se moquer de moi, m'insulter. Quel con, ce Laurent, d'avoir dit au DJ que c'était un baptême du feu !

Les premières notes de ma chanson retentissent comme un coup de gong. J'entre en scène. Concentrée et paniquée.

Les hommes hurlent comme des loups ! Je n'ai pas fait trois pas de danse que j'entends déjà s'élever des : « Tu es bonne, toi ! Vas-y, enlève ton soutif... » En coulisses, Laurent me surveille, prêt à me conseiller. Je compte sur lui pour m'indiquer les moments clés où je dois retirer ça ou ça. En attendant, je danse. Ma peur panique est passée. Je me sens bien. Le public siffle, hurle. Il apprécie. J'en souris. J'en joue. Je fais tournoyer mon voile le plus sensuellement possible. Mes longues années de gymnastique et de danse ainsi que ma souplesse me permettent quelques mouvements élégants et assez bien adaptés à la musique. Je fais tomber la cape de mes épaules et je m'amuse avec.

D'un regard, Laurent me fait comprendre qu'il est temps de procéder à un effeuillage en règle. Je commence par le soutien-gorge, sans jamais oublier de danser. Me retrouver seins nus ne me dérange pas trop. Je suis fière de ma poitrine que je montrais déjà régulièrement en vacances sur la plage. Ici, il n'y a pas de soleil, c'est tout !

Ça trépigne dur dans le public quand je m'attaque à la jupe d'un geste maladroit. Ce ne sont pas mes vêtements. Je me sens mal à l'aise dedans. Heureusement, les fringues de strip-tease sont conçues pour tomber facilement. Ma jupe ne tient qu'avec un scratch ! Il ne me faut pas dix secondes pour me retrouver en string. J'entends alors quelques voix féminines me traiter de « salope ». Je n'ai pas le temps d'y prêter attention. Une seconde musique prend le relais, signe que je n'en suis qu'à la moitié du spectacle. Il doit bien rester encore trois minutes de show à assurer. L'épreuve me paraît interminable. Le public ne semble pas être du même avis. J'entends des « Vas-y, enlève ! » de plus en plus comminatoires. Ces encouragements, même vulgaires, me motivent. Ce brouhaha communicatif et très significatif m'encourage. Je vois bien que les clients prennent du plaisir à me regarder évoluer. Mais je suis tout de même bien consciente que les neuf dixièmes des mecs présents ce soir n'applaudissent pas toujours mes talents d'artiste en devenir. Ils n'ont qu'une idée : me sauter dessus. Et si je n'enlève pas rapidement mon string, il risque d'y avoir une émeute !

C'est parti pour le moment de vérité. Il reste deux minutes à peine avant la fin du strip-tease. Les strings sont aussi faciles à enlever que le reste, puisqu'il suffit de défaire deux boutons-pression placés de chaque côté des hanches. J'en dégrafe un lentement, puis le deuxième tout aussi posément. Je place une main devant mon sexe et je laisse tomber le bout de tissu. Et maintenant ? Pour ne pas avoir l'air d'une gourde trop pudique avec ma main comme cache-sexe, je récupère d'un déhanchement la jupe qui est à mes pieds et je commence à jouer avec. Laurent semble satisfait de ma prestation. Le public aussi. La fin de la chanson arrive comme une grande libération. Tonnerre d'applaudissements, de sifflets envieux et admiratifs.

J'ai réussi à surmonter l'épreuve. J'étais soulagée et heureuse comme si je venais de passer avec mention « très bien » le premier examen important de ma vie. J'étais cependant très insatisfaite de ma prestation artistique. Je m'étais trouvée nulle, une vraie cruche. Mais je pouvais faire nettement mieux, artistiquement s'entend. Une nouvelle barrière d'interdits venait de s'effondrer : le strip-tease n'est pas un métier indigne, mais une forme d'art. J'ai immédiatement décidé de partir en croisade pour colporter ce message auprès du plus grand nombre. Rien de moins !

Cette activité m'offrait aussi la possibilité de redevenir, le temps de quelques minutes, le centre d'intérêt de toute une foule. Je l'avoue, j'avais besoin de cela. Peu importe que cette foule te considère comme une pute, une salope, une allumeuse, une « chaude », un objet sexuel ou je ne sais quels autres noms d'oiseaux. J'avais l'occasion de prouver qu'une strip-teaseuse pouvait également être une artiste. Et j'avais besoin, moi l'étudiante ratée, d'avoir confiance en moi. En quelque chose de moi. En l'occurrence, c'était mon corps.

Certes, j'étais bien loin de mes rêves de comédienne de théâtre, mais ma mentalité, elle, était pure. Je ne vendais pas mes charmes. J'offrais du rêve à ceux qui en avaient besoin. Je proposais ce rêve nue ? Et alors ? Tant que c'était beau à voir et que l'on ne me demandait pas de coucher, je ne voyais pas où était le mal.

Si, pendant les trois années qui ont suivi, j'avais dû tenir compte des pensées des autres sur mon métier, je me serais mis une balle dans la tête ! Pourquoi d'ailleurs me culpabiliser avec tout ça ? À notre époque, il n'y a pas besoin d'être strip-teaseuse pour que l'on critique ton mode de vie. Une femme qui vit en concubinage, qui fait des enfants sans être mariée, ça passe, mais ce n'est pas toujours bien vu. Hors normes ! Il suffit que tu boives un verre le soir en discothèque pour que l'on suspecte en toi un criminel de la route qui va rentrer bourré et tuer un passant. Crier sur un enfant qui fait trop de bruit peut te faire passer pour le pire des intolérants. Il y a toujours à redire sur la vie des autres. Les gens qui se croient bien et normaux voient-ils le mal partout ?

Je me suis dit que si je devais me faire critiquer, autant que ce soit pour quelque chose que j'aimais ! J'ai alors décidé de convaincre ces gros machos bien-pensants, qui n'imaginent la femme qu'au foyer ou au lit, que leurs normes devaient être revues et corrigées. Pour la première fois, j'avais les moyens de le faire. Vous savez, ce fameux pouvoir de faire bouger les choses lorsque l'on agit de l'intérieur. J'étais parvenue à pénétrer à l'intérieur d'un milieu mal famé qui avait grandement besoin d'une rédemption publique.

Autant dire que Fily enfilait la tenue de Don Quichotte pour aller se battre contre des moulins à vent ! Je comptais sur ma naïveté, sur ma profonde horreur de l'injustice, sur mon esprit rebelle et de compétition pour m'aider à rendre le strip-tease respectable. Ce qui était loin d'être le cas à mon époque. Ce n'est pas comme aujourd'hui, où il est chic et snobinard de remplir le Hustler ou le Pink Platinum, deux clubs de strip-tease récemment ouverts sur les Champs-Élysées, à Paris. Jusqu'à présent, je n'ai pas vu la presse se déchaîner contre ces effeuilleuses et, comme ils ont fait pour moi, les traiter de prostituées. Que ces filles savourent aujourd'hui le bonheur d'être engagées dans ces clubs branchés et d'être traitées comme des bienfaitrices pour la libido de l'humanité ! Et qu'elles ne tombent pas amoureuses du mari d'une princesse ! J'avais six ans d'avance dans mon combat pour finalement arriver en retard à un rendez-vous amoureux.

Bref, dès que j'ai réussi mon premier strip, une force incroyable m'a poussée à continuer.

Je me rappelle mon retour dans le vestibule étroit et crasseux qui nous servait de loge. Laurent, enchanté par la perspective de recruter une nouvelle et jolie fille aimant ce métier, m'a déclaré :

– Fily, tu t'en es très bien sortie. Ton numéro était très chouette. J'ai entendu des gens dans le public qui avaient beaucoup apprécié. J'ai assez de filles pour les défilés de mannequins. Tu es douée, tu plais et tu n'es pas un thon. Veux-tu continuer à faire du strip pour l'agence ?

– Merci pour les couronnes de laurier ! Oui, j'ai envie de poursuivre l'expérience si on me laisse l'exercer comme je le sens.

– Banco !

Après avoir été engagée comme mannequin sur un coup de dés, j'étais devenue strip-teaseuse sur un coup de tête. Et j'ai repris les tournées sur les routes de Belgique. Des bars aux discothèques, j'ai tout fait... Bienvenue dans le monde glauque de la strip-teaseuse amateur débutante qui se prenait pour une ambassadrice d'un nouvel art !

Si j'apportais une attention toute particulière à rester « artistique » lors de mes apparitions sur scène, en effet, j'en ai vu qui n'avaient pas vraiment le même souci. Des filles dansaient en se masturbant avec d'énormes vibromasseurs, quand ce n'étaient pas des objets pourtant non conçus à l'origine pour cet usage. D'autres se caressaient vulgairement. D'autres encore, complexées et timorées, gauches et vraiment peu sensuelles, réalisaient leur numéro avec leur culotte de gamine ou des soutiens-gorge de « bobonne » : ça plaisait à certains.

Pendant ces premiers mois de tournée, j'ai aussi fait des strips dans des salles sans podium où il fallait étendre son corps nu à même un sol souillé d'alcool et de mégots de cigarettes. Je me déshabillais parfois dans des cuisines, au milieu de la vaisselle du dîner ou entre les cadavres de bouteilles de bière des mecs qui m'attendaient à côté pour enterrer la vie de garçon de leur pote militaire ! Je ne parle pas des anniversaires de footballeurs ! Ah, le foot ! C'est déjà lui qui me privait de clients au Melting Pot le mardi et le jeudi, quand il y avait match à la télé. C'était aussi le sport passion de mon beau-père à qui je ne parlais plus. Et voilà que maintenant des joueurs en furie me considéraient comme le ballon à attraper ! Ils se voyaient déjà gardiens de but, prêts à plonger sur moi ! Sans oublier les clients grossiers, vulgaires, ceux du premier rang qui attendent la première occasion de te toucher, leurs petites amies frustrées, insultantes et agressives, les vieux vicieux avec leurs billets de banque plein les poches, les brutaux qui auraient très bien pu passer au viol sur le parking de la boîte, les drogués, les alcooliques. J'en oublie certainement. Trois nuits par semaine, j'avais devant moi un échantillon de ce que pouvait être l'Homme. Ce qui n'était pas vraiment idéal pour s'en donner une belle image et continuer de croire au prince charmant. Mais il y avait aussi des types simples et cleans avec lesquels je retrouvais le même contact humain et désintéressé que lorsque je travaillais au Melting Pot.

*
**

Quand j'ai raconté mes débuts à Père Noël, il est tombé des nues. Complètement ahuri par la nouvelle ! Il m'avait laissée mannequin, il me retrouvait strip-teaseuse ! Voilà maintenant qu'il ne me payait plus à manger, mais des sous-vêtements. Et quels sous-vêtements ! Quand il a vu pour la première fois l'un de mes strings de scène, j'ai cru qu'il allait défaillir.

– Mais regarde, Fily, c'est un bouton-pression ! Si on l'ouvre, tu es toute nue ! Et ça, c'est du latex !

Il paniquait comme un père. Puis, comme toujours, il a tenté de me comprendre et approuvé ce que je faisais. Il s'est mis à me financer mes sous-vêtements sans jamais vouloir que je les lui montre. Jamais il ne m'a demandé d'en essayer un devant lui. Il s'était, une fois pour toutes, résigné à faire mon bonheur. Je n'avais pas de comptes à lui rendre. On s'aimait comme père et fille et cela suffisait à notre plaisir. Je continuais à fréquenter d'autres hommes. Père Noël sentait bien que, malgré mon côté rebelle, je resterais assez équilibrée et attentive pour ne pas basculer dans le sordide. Il avait compris que mon discours sur l'art de faire un strip-tease, sur l'art d'exprimer sa féminité, était sincère. Il avait deviné que je n'étais pas une marginale.

Une marginale vit en dehors de tout, s'oppose à toute règle. Moi, je me sentais juste différente. J'exerçais un métier que je trouvais beau. J'avais l'impression de pratiquer le strip-tease de façon décente. J'en étais fière. Je travaillais sans cesse pour m'améliorer, devenir professionnelle et apporter aux autres plus de plaisir, plus de sensations. J'ignorais les dangers que j'allais courir. Je ne connaissais pas les pièges du monde de la nuit....

J'avais vingt et un ans. J'étais pleine de courage et d'envie de réussir. Alors j'ai bossé ! J'ai mis des semaines à être au point. J'allais faire du sport en salle. Je faisais attention à moi. Je voyais mon corps évoluer, se muscler, se former. Je prenais conscience de ses possibilités, de ses atouts – et de ses inconvénients –, beaucoup plus rapidement que les filles de mon âge. Quand je finissais certains numéros, quelques clients venaient me voir, non pas pour me proposer de coucher avec eux ou m'insulter, mais pour me remercier d'avoir montré du talent, de leur avoir apporté du plaisir. Certains osaient s'approcher, timidement, pour me parler de leurs problèmes de couple ou avouer qu'un spectacle de strip-tease leur faisait oublier leur modeste vie. Je devenais la « Ménie Grégoire » du strip ! J'adorais par-dessus tout ceux qui n'hésitaient pas employer les termes de chorégraphie, art ou spectacle lorsqu'ils m'abordaient. Je croyais alors que mon travail de sape pour faire évoluer les mentalités portait ses fruits. Mais je n'oubliais pas la majorité qui beuglait des insanités tout en se masturbant pendant le spectacle. C'étaient ceux-là que je voulais convaincre que je n'étais pas marginale mais différente.

J'ai donc enchaîné les tournées avec Laurent. Les rendez-vous à l'agence étaient toujours à 19 heures mais les contrats, eux, étaient bien plus nombreux que pour les défilés de « mannequins sous-vêt ». Le strip marchait fort, à l'époque, à Bruxelles et dans les environs, même s'il était loin d'être une mode huppée comme maintenant. Il n'était pas rare que j'aie à me produire dans cinq ou six endroits différents par soirée. La troupe enchaînait les kilomètres, toutes les nuits, trois à quatre fois par semaine, jusqu'au petit matin. C'était parfois usant, décourageant aussi de faire le spectacle dans des endroits sales ou pleins de vicieux. Mais c'était désormais mon boulot.

N'allez pas croire que le strip-tease est toujours une vocation, un métier passion. La plupart des filles que j'ai croisées exerçaient ce job le week-end pour arrondir leurs fins de mois. Elles n'avaient rien de la prostituée ou de la « chaude du cul » comme on voulait bien le dire. C'étaient des filles normales, mères de famille parfois, qui avaient une petite vie normale et qui voyaient là un moyen de gagner un peu d'argent sans diplômes et sans se prostituer. Elles faisaient du strip par nécessité. Comme presque toutes les filles. Par conséquent leurs numéros étaient bâclés, vulgaires, dénués de charme ou de séduction. Il s'agissait juste de montrer ses fesses et ses seins pendant six minutes trente environ, puis d'enchaîner le plus possible de ces exhibitions en une soirée pour ne pas avoir à y revenir trop souvent.

Ce n'était bien sûr pas mon cas. J'étais attirée par ce métier et je m'y suis investie totalement, et sérieusement. Combien d'heures ai-je passées devant le miroir de la maison à répéter des gestes et des contorsions aussi sensuelles qu'originales ! Je ne compte plus le nombre de disques écoutés pour trouver les musiques qui se marieraient le mieux à mes idées. Je voulais devenir la meilleure. Pas la strip-teaseuse du samedi soir, qui se déshabille maladroitement et sans conviction pour gagner cent euros. Pour en vivre, il fallait progresser rapidement, passer dans des sphères plus élégantes et surtout plus lucratives.

Au début, je n'avais pas les moyens de mon ambition. Pas assez d'argent pour m'acheter mes propres costumes et sous-vêtements, Père Noël ne pouvant pas tout payer. J'ai dû utiliser ceux, plus impersonnels, de l'agence. Laurent avait beau en avoir une pièce entière, tout me semblait trop conventionnel. Enfin, si l'on peut dire... Dans ces seize mètres carrés, je voyais se matérialiser, accrochés sur des cintres, tous les fantasmes des hommes. Entre les tenues d'infirmière, de militaire, de secrétaire en tailleur BC-BG, de petite fille ou de vampirella en latex, il y avait vraiment le choix, même si ces costumes très sexy étaient loin de ressembler aux originaux. L'idée de me déguiser m'amusait. À l'école, j'adorais jouer les pièces de théâtre en costume, je ne ratais jamais l'occasion d'une fête d'Halloween pour me transformer en sorcière et, à l'école, nous fabriquions des masques que j'avais un malin plaisir à porter.

En revanche, j'étais beaucoup moins douée question maquillage ! Il n'était pas question que je joue à nouveau les rebelles maquillées façon pot de peinture ou ravalement de façade. J'ai donc tout simplement décidé de limiter les fards au strict nécessaire afin de rester la plus naturelle possible, ce strict nécessaire consistant à cacher les traces blanches d'un string ou d'un soutien-gorge quand on revient bronzée de vacances, à dissimuler des boutons disgracieux ou des taches sur le corps, bref du rafistolage. Pour le reste, pourquoi me maquiller puisque, la plupart du temps, je dansais dans une pénombre hachée par des spots de couleur ?

V

Vitrines « jet-sexe » et arrière-boutiques

Quand j'entends aujourd'hui les psychologues, les psychanalystes, les sociologues et autres journalistes discourir à tort et à travers sur le retour en grâce du strip-tease dans les clubs new-yorkais, londoniens et parisiens récemment ouverts, je ris jaune. Le strip serait devenu ce que j'ai toujours voulu en faire : un art noble, respectable et utile. Du temps où j'exerçais, au milieu des années quatre-vingt-dix, on parlait de pornographie et de prostitution. Voilà maintenant que l'on s'enflamme dans les magazines très tendance pour la « danse de charme », « l'érotisme chic », la « jet-sexe ». Tout le monde en parle. En bien. Ce sont pourtant toujours des nanas à poil. Je faisais la même chose qu'elles !

La « jet-sexe », qui de mon temps s'autorisait tous les vices à coups de billets de banque, fait désormais figure d'honorable clientèle. Le renouveau du strip-tease a lavé les plus pervers de leurs pratiques aussi détestables qu'inavouables, assouvies dans des soirées très privées, décadentes, voire dégradantes. Quant aux rabat-joie qui, il y a six ans à peine, clamaient haut et fort que le strip-tease n'était qu'un truc de beaufs frustrés, d'amateurs de bière et de mateurs bavant devant des filles nues, ils passent maintenant pour des tocards. Aujourd'hui, le strip-tease ne serait que beau, captivant, charmant, propre et bien fréquenté. Il est certain que ce n'est pas au Pink Platinum ou au Hustler que les VIP, « people » et autres intellos faiseurs de morale verront des clients se masturber devant le podium en hurlant comme des gros porcs « t'es bonne, salope ». Ce n'est pas dans les loges de ces endroits clinquants que l'on assistera à des partouzes ou à des fellations d'échauffement destinées à remettre en forme les strip-teaseurs, histoire d'assurer leur sixième spectacle après une nuit de tournée harassante. Ce n'est pas dans ces clubs huppés que les clients s'exciteront devant des filles s'enfilant de gros godemichés sur scène. Ce sont pourtant quelques-unes des réalités de ce métier. N'oublions pas qu'il fait encore partie de certaines traditions d'emmener toute la famille passer le réveillon du jour de l'an au Lido ou au Crazy Horse. Max m'avait emmenée une fois au Lido. J'avais adoré. Mais ce n'est pas partout pareil...

Aujourd'hui, des pompiers, des rugbymen, des

footballeurs, des flics ou des grands-mères s'effeuillent et s'offrent nus sur des calendriers que tout le monde trouve géniaux ! En 1997, la reine d'Angleterre puis des millions de spectateurs ont applaudi à tout rompre le film *The Full Monthy* dans lequel des chômeurs jouent les strip-teaseurs pour gagner leur vie. Sans comprendre vraiment que cette comédie ne reflétait finalement que la dure réalité de vrais chômeurs, secrétaires ou jeunes ados paumés, strip-teaseurs d'un soir pour mettre un peu plus de beurre dans les épinards.

De nos jours, se mettre à nu au vu de tous est devenu une nouvelle norme sociale. L'érotisme et la pornographie sont banalisés. Tout le monde se déshabille et Internet regorge de sites de strip-teaseuses amateurs sans que l'on y trouve à redire. J'enrage de ne pas avoir vingt ans ! Maman n'accepterait pas mieux ma profession, mais je n'aurais peut-être pas souffert de toutes les ignominies et autres mensonges colportés sur mon art.

Cela dit, la jet-sexe n'est qu'une vitrine clinquante qui cache des arrière-boutiques. J'invite les nouveaux défenseurs de l'effeuillage à faire un tour dans les bars interlopes de Bruxelles, d'Anvers et même de Pigalle ! Là où des filles encore maladroites, naïves et timides, et pour la plupart assez éloignées des critères physiques de la danseuse de charme étalés dans les magazines, offrent, pour une poignée d'euros, un spectacle courageux et authentique. Elles, elles sont directement au contact de clients simples, à l'état brut, bien moins policés que les spectateurs des lieux branchés.

*
**

Tournée après tournée, j'avais le sentiment d'être utile et surtout accessible. Les turpitudes masculines m'étaient en général épargnées. À peine étais-je descendue des podiums que les gens venaient me parler quelques minutes. Les habitués m'offraient des fleurs, à boire ou le petit déjeuner. J'évoluais dans des lieux bas de gamme, mais j'étais contente de voir que mes prestations apportaient un peu de plaisir à certains. Et franchement, malgré la vulgarité toujours plus ou moins présente dans ce milieu, l'ambiance était moins malsaine et moins hypocrite que lorsque j'ai commencé à fréquenter, un peu plus tard, les milieux aisés.

L'agence de Laurent fonctionnait à plein. Les contrats s'accumulaient, l'argent rentrait. J'avais fait le tour de la garde-robe de l'agence et acquis les bases principales du strip-tease. Il ne restait plus maintenant qu'à me démarquer vraiment pour progresser.

À l'époque, je travaillais encore pendant la semaine comme bookeuse dans une agence de mannequins ou secrétaire dans une agence d'événementiels. Du jeudi soir au dimanche, c'était strip-tease non-stop. Mes premiers cachets ont servi à acheter mes sous-vêtements personnels. Oh, ce n'étaient pas des grandes marques, mais l'important était d'abord qu'ils me correspondent. J'éprouvais toujours le besoin d'imposer cette double identité qui faisait alors de moi une fille à la fois douce et explosive, charmante ou allumeuse, naïve et sensuelle, timide ou rebelle. Choisir personnellement la musique de mes numéros m'a permis d'y parvenir. Depuis quelque temps, en effet, je m'étais beaucoup plus investie dans le choix musical pour mes chorégraphies. Je débutais mon show par une mélodie suave, douce et romantique, avant d'enchaîner sur un rythme nettement plus rapide, parfois effréné, afin de faire monter la pression jusqu'à l'effeuillage final. Double personnalité, double rythme.

Pendant les six premiers mois de tournées, j'ai appris à mettre mon corps en valeur dans la lumière des spots, à improviser quand le DJ ne respectait pas les enchaînements musicaux convenus, ou encore à faire d'une très longue chevelure un accessoire érotique et sensuel. Je vivais vraiment mes strips lorsque j'étais en scène. Je ne sais pas si les spectateurs y faisaient vraiment attention, mais chaque fois que l'un d'eux venait me le faire remarquer, ça me rendait folle de joie. Cette mini-reconnaissance me poussait à me perfectionner. Je travaillais encore plus devant le miroir de la maison, prête à critiquer le moindre de mes défauts. Harmoniser mes sous-vêtements personnels avec une chorégraphie née de mon imagination et de la musique que je passais des heures à écouter me donnait l'impression de créer, de mettre en scène une belle histoire sans paroles. Je devenais petit à petit l'artiste que je rêvais d'être depuis tout gosse.

Puis je me suis attaquée aux costumes de scène. Ceux qui allaient vraiment faire de Fily une strip-teaseuse à part. N'ayant pas de dons particuliers pour la couture et encore moins d'argent à investir dans des tenues spécialisées, je suis allée voir Pat, mon ex-grand amour. Il avait ouvert une société de spectacles et organisait de nombreuses soirées à thèmes. J'ai dû lui mentir effrontément pour qu'il me prête l'un de ses costumes. S'il avait su que c'était pour un strip-tease, je crois qu'il m'aurait collé deux baffes ! Je suis repartie de chez lui avec une tenue affolante, tout droit sortie d'une soirée « Cloclo ». Vous voyez le genre ! Le costume était blanc, constellé de strass et de paillettes. Au gré des mouvements, de longs voiles transparents flottaient le long de mes bras et de mes jambes. J'avais pris de hautes bottes à talons, style cuissardes. Et j'avais un filet comme accessoire. Je ressemblais plus à une patineuse sur glace sexy qu'à une strip-teaseuse. J'adorais ! Le mouvement des voiles m'inspirait de nouveaux gestes et m'ouvrait de nouvelles possibilités pour me mouvoir.

Il m'a aussi fallu apprendre à retirer ce costume d'une façon adaptée au strip-tease : la tenue de « Cloclo » n'avait pas été spécialement conçue pour un effeuillage en règle ! Alors je me suis entraînée à l'enlever avec le plus de désinvolture possible. Je me vois encore me dandiner devant le miroir en essayant de tirer maladroitement sur une jambe de mon pantalon. J'ai vite pris le coup. J'étais souple. Pas comme certaines, qui tombaient sur scène le samedi soir en essayant de retirer le leur ! Dès que je portais un vêtement nouveau, que ce soit un pull, une chemise, un string ou un pantalon, je m'amusais à le retirer devant la glace. Pas besoin de me forcer, c'était instinctif ! Je me préparais à toutes les situations pour ne jamais être prise au dépourvu lors d'un numéro. On appelle ça de la conscience professionnelle, non ?

Je vivais de petits boulots et des gentillesses – mesurées – de Père Noël. Mes parents ne me voyaient pas souvent. Je sais qu'ils s'inquiétaient, bien qu'il n'y eût pas encore de raisons alarmantes pour cela. J'avais bonne conscience, mais je me contentais de leur dire que j'étais hôtesse. Les hommes qui m'aidaient à vivre ici et là étaient de vrais grands frères qui n'attendaient rien de moi sexuellement. Je n'étais pas entretenue comme une prostituée de luxe, j'étais juste aimée. Je ne demandais rien et j'acceptais les cadeaux comme une marque d'affection. Je n'ai jamais forcé personne à rester, à me gâter. Je gagnais ma vie, j'étais autonome. Chacun était satisfait de ce qu'il avait. Cela me permettait de travailler dans de bonnes dispositions.

Mes chorégraphies s'enrichissaient. Elles devenaient vraiment belles et sensuelles, artistiques et travaillées. Mon fameux numéro de Clodette de charme commençait par un grand écart. Puis je faisais tournoyer le filet au-dessus de ma tête avant de le poser délicatement sur le sol devant moi. Je m'allongeais dessus en prenant une pause assez langoureuse et suggestive : j'étais sur les coudes et sur les genoux, le dos cambré, la tête basse avec ma longue chevelure à terre. Je devais ensuite lentement lever les fesses pour, dans cette position, commencer à faire glisser mon pantalon le long de mes cuisses de la façon la plus sensuelle possible. Il suffisait enfin de lever la jambe, dans un mouvement étudié, pour faire tomber le pantalon à mes pieds. La manipulation n'était pas simple, mais je la maîtrisais parfaitement. Essayez, pour voir ! Vous verrez qu'il n'est pas si facile de se déshabiller sensuellement. J'ai vu des bombes sexuelles qui sur scène ne dégageaient aucune chaleur, d'autres qui enlevaient leur costume comme si elles étaient pressées d'aller se coucher. Pour faire une bonne strip-teaseuse, il faut non seulement être sûre de soi, mais aussi et surtout aimer son corps. Celle qui n'aime pas son corps ne peut le mettre en valeur. Moi, j'adorais mon corps. J'en étais fière. Appelez ça du narcissisme si vous voulez, c'était ainsi. Je n'écris pas ce livre pour tricher. Mon costume à paillettes brillait dans le noir. On ne voyait que lui pratiquement. Je trouvais ça beau.

Chaque semaine, j'essayais d'améliorer ce numéro. C'est là que j'ai commencé à fréquenter des boutiques spécialisées dans des domaines aussi divers que l'échangisme, le sado-masochisme, etc. J'allais y repérer d'éventuels accessoires à utiliser sur scène. J'ai finalement préféré me contenter d'une bouteille d'eau et de crème pour le corps. Mon numéro de Clodette n'a jamais été aussi sexy !

J'avais bien sûr conservé l'introduction avec le grand écart. L'eau, versée sur la tête et le corps, m'apportait la possibilité de me transformer en une « James Bond Girl » à la Ursula Andress, avec ses longs cheveux mouillés en arrière, sortant, grosse poitrine au vent, d'un bain de mer froid pour rejoindre l'irrésistible agent secret sur la plage. J'étais comme elle ! C'est-à-dire que le bout de mes seins, durci par l'eau froide, n'avait qu'une envie : traverser le tee-shirt mouillé et bien évidemment transparent sous lequel il pointait. Une fois les seins nus, j'utilisais la crème pour me la passer délicatement sur tout le corps, fesses, cuisses, bras et poitrine tout particulièrement. Je jouais encore avec mes cheveux, avec la tête, les yeux, la bouche. Tout mon corps participait. J'avoue que je prenais un pied énorme. L'état dans lequel j'entrais lorsque j'étais sur le podium était jouissif. Je me faisais très égoïstement un immense plaisir. Quand j'avais terminé le numéro, j'étais vidée. Comme si je venais de faire l'amour !

Moi qui au début pensais apporter du plaisir aux spectateurs, je découvris que le strip-tease représentait un remède très efficace pour me sentir de mieux en mieux dans ma peau et dans ma tête. Je faisais mon numéro pour moi. Pour me sentir fière de mon corps et de mon art. Je plaisais aux autres ? Tant mieux. Je ne leur plaisais pas ? Tant pis ! On ne peut pas plaire à tout le monde...

Après un an de bons et loyaux services à l'agence de Laurent, il fallait que mon métier évolue. J'avais écumé toutes les boîtes ringardes de Belgique et des régions frontalières, toutes les discothèques les plus déprimantes, les salles des fêtes froides et désertes, les enterrements de vie de garçon et autres beuveries vulgaires. Je ne prenais plus le même plaisir à partir en tournée. Le côté « métro-boulot-dodo » se faisait sentir. J'étais fatiguée. J'avais aussi le sentiment que l'on m'exploitait, que l'on m'arnaquait comme les pauvres filles que je voyais défiler pendant la semaine à l'agence de mannequins dans laquelle j'étais bookeuse. Elles aussi, on les exploitait. On leur faisait miroiter des contrats publicitaires imaginaires pour les amener à poser nues. En réalité, les photos en question allaient directement en fond d'écran sur l'ordinateur de la maison, et terminé ! Du rince l'œil... à l'œil !

Pour ne plus dépendre de ce genre d'agence, il fallait maintenant envisager de gagner de l'argent. Le plus d'argent possible.

Je pensais, en effet, en avoir terminé avec ce parcours initiatique du *« cheap »* qu'il faut connaître pour se préparer à évoluer dans des sphères plus huppées où le fric et le vice font souvent bon ménage. Je me sentais désormais prête à entrer dans le monde des « bien-pensants » et à affronter ceux qui crient haut et fort que les strip-teaseuses ne sont que des prostituées pendant qu'ils payent une fille pour se déshabiller au bord de leur piscine ou pour leur faire caca dessus ! Il était là, le fameux pouvoir qui maniait l'injustice contre laquelle je me battais depuis l'adolescence.

Une fois encore, c'est en discothèque que la chance a pointé le bout de son nez. J'ai rencontré un couple connu dans le milieu pour organiser des strip-teases de qualité et des spectacles professionnels bien payés.

– Nous avons vu ton numéro, Fily. Tu es douée. On aime ce que tu fais et ta mentalité. Tu veux travailler avec nous ? Viens nous rejoindre à Anvers. Là-bas, les gens sont plus ouverts. Il y a beaucoup de travail.

Adieu podiums miteux, et bonjour les *« table dance »* d'Anvers ! Fily arrive !

Le principe de fonctionnement avec ce couple d'Anvers ne différait pas d'avec celui de Laurent. Je cumulais souvent plusieurs contrats dans une même soirée. Sauf que les discothèques étaient plus belles, les podiums bien plus aguichants, les fêtes d'anniversaire plus chics, les soirées plus mondaines et le niveau plus relevé. J'ai commencé à fabriquer mes costumes. Toujours pour marquer un peu plus ma différence. J'allais la roder en Hollande, en Allemagne, ou je restais sur Anvers. Et c'est dans cette ville que ma vie a basculé.

*
**

Quand je suis entrée dans ce bar à strip-tease, *il* était là. Qui ? Je ne le savais pas encore. Mais j'avais eu un flash. Une sensation excitante m'annonçait que j'allais enfin vivre la rencontre qui me manquait pour être heureuse. Un sentiment indéfinissable et à la fois si présent, si prenant...

L'homme en question ressemblait à un magnifique Tarzan avec ses longs cheveux châtains qui lui descendaient jusqu'au milieu du dos, ses pectoraux taillés dans le roc, son corps tout en muscles, ses deux tatouages représentant un pitbull et un cœur avec le prénom d'une ex-petite amie, sans oublier ses yeux bleus. L'Apollon était malheureusement bien trop occupé à émoustiller toutes les filles chauffées à blanc qui lui glissaient un petit billet dans le string pour me voir entrer dans le bar. Eh oui, Brad était body-builder et strip-teaseur.

Un couple d'amis m'avait invitée ici pour me le

présenter. Quelle riche idée ! Brad faisait son spectacle dans un petit salon au fond du bar. Je le voyais danser, superbe, doux avec les filles, leur passant la main dans les cheveux, leur caressant le visage. Je trouvais ses gestes empreints d'une grande sensibilité. Très professionnels, aussi.

Quelle claque j'ai reçue lorsque le couple me l'a présenté après son show ! C'est à peine s'il s'est intéressé à moi alors que je devais avoir les yeux pétillants d'envie de mieux le connaître. Prête à le croquer tout cru. J'étais tellement habituée à ce que les regards se focalisent sur moi ! Et pour la première fois que j'admirais un homme avec appétit, cela ne lui faisait aucun effet !

J'ai préféré mettre sa froideur et son indifférence sur le compte de la timidité. Ce que mes amis m'ont discrètement confirmé.

– Ne sois pas trop brutale avec lui. C'est un homme réservé avec les filles, dans le privé. On te connaît assez pour savoir que lorsqu'un mec te plaît, tu t'arranges très vite pour qu'il le sache. Prends ton temps avec Brad.

Message reçu ! J'ai donc terminé la soirée à discuter et à boire avec mon grand timide de Tarzan, sans oublier d'échanger nos numéros de téléphone en partant. Celui-là aurait de mes nouvelles de toute façon.

Brad était un marginal, farouche et timide, qui vivait plus ou moins difficilement de ses deux métiers : body-builder le jour et strip-teaseur la nuit. Ses parents l'avaient déjà vu sur scène et avaient apprécié ses prestations. Tout comme moi, il avait fréquenté des endroits infâmes comme ces bars gays où le public ne pensait qu'à le violer. Comme moi, il avait l'âme d'un vrai professionnel, d'un perfectionniste à outrance. Strip-teaseur, c'était pour lui un métier, un art. Il savait que l'on pouvait bien en vivre en le pratiquant sérieusement. Et Anvers regorgeait de travail dans le domaine.

Le lendemain de cette rencontre je suis retournée à Bruxelles, en attendant les dates de mes prochaines exhibitions.

Je n'ai pas eu à appeler Brad pour avoir de ses nouvelles. Trois jours après le déclenchement de mon coup de foudre, il me téléphonait pour me proposer du travail. Il avait besoin d'une fille pour honorer un contrat. C'était très bien payé et nous ferions notre numéro chacun séparément. C'était l'occasion de mieux se connaître.

Cette première collaboration s'est très bien déroulée. Nous avons bien dansé l'un et l'autre. Le courant passait entre nous. J'étais chaque jour de plus en plus amoureuse de lui, mais je respectais à la lettre le conseil de mes amis : ne pas lui sauter dessus pour ne pas l'effrayer. J'ai ainsi appris à le découvrir. Brad sortait d'un milieu ouvrier. Nous avions le même âge et enduré les mêmes traumatismes familiaux. Sa mère avait trompé son père avec son meilleur ami. Brad n'avait plus revu son père depuis et s'était lancé très jeune dans le strip-tease. Il assumait ses choix, se battait pour eux. C'était un garçon complexe, écorché vif. Il ne me draguait pas mais, en sa compagnie, je trouvais un nouvel équilibre. Nous ne sommes pas sortis ensemble immédiatement.

Trois jours après ma première prestation, Brad me rappelle.

– Allô Fily ? J'apprécie ta façon de danser. J'aimerais que l'on essaye un numéro en duo. Je n'en ai jamais fait, mais c'est une voie intéressante à creuser car il n'en existe pas beaucoup sur le marché. Si nos shows sont beaux et réussis, nous pouvons gagner de l'argent. Je viendrai te chercher à Bruxelles.

Nous avons encore travaillé deux fois ensemble avant de nous lancer dans un duo totalement improvisé, faute d'avoir eu le temps de le préparer et de le répéter.

Brad avait choisi une musique de Bon Jovi. Dès notre entrée sur le podium, nos regards ne se lâchèrent plus. C'était magnétique. Nos gestes se coordonnaient naturellement, instinctivement. De la magie ! J'étais tellement envoûtée par la présence scénique de mon partenaire que plus rien ne comptait autour de moi. Je n'entendais plus la foule hurler et s'exciter. Je ne voyais que Brad, là, dansant tout près de moi, sensuel et beau comme un dieu. Il posait délicatement ses lèvres sur mon corps, je faisais de même. On se caressait à tour de rôle. Puis je me glissais le long de son corps jusqu'à terre pour baisser son pantalon. J'appuyais ma tête contre son sexe. Je me relevais et Brad plaçait alors sa tête entre mes seins pendant que je me cambrais lentement en arrière. Il m'embrassait la poitrine puis je remontais doucement. Je n'avais pas envie que le numéro se termine. C'était un pur bonheur. Je découvrais le strip-tease à deux, avec un homme que j'aimais. Je venais de franchir une nouvelle étape dans ma carrière.

Lorsque nous avons terminé le show, les gens ont applaudi. Pas avec une hystérie bestiale, mais avec une sorte de respect pour l'émotion et la sensualité que nous avions fait passer pendant ces quelques minutes. Brad et moi sommes tombés dans les bras l'un de l'autre. Nous sommes sortis ensemble. J'avais enfin trouvé la moitié qui me manquait.

Tout de suite après, je suis partie en vacances avec mes parents. Ils attendaient cela depuis si longtemps, alors je ne voulais pas les décevoir. Ces quinze jours loin de Brad ont été insupportables. J'ai dépensé une somme folle en appels téléphoniques. Je voulais l'entendre tous les jours, longtemps. Mes parents me considéraient toujours comme une moins que rien et les relations avec mon beau-père ne s'étaient pas améliorées. Je me demandais parfois si ma famille ne me prenait pas pour une prostituée. À la fin des vacances, je leur ai annoncé la nouvelle :

– Je quitte Bruxelles. J'ai rencontré un homme. J'en suis folle amoureuse. Je vais m'installer avec lui à Anvers. Je travaillerai là-bas.

J'ai abandonné mon copain Stéphane et notre palais des Mille et une nuits pour me retrouver dans un studio d'à peine seize mètres carrés. Brad y avait mis des nounours partout. Nous avons commencé à travailler nos duos. On ne se quittait jamais. Il assistait à chacune de mes prestations, que ce soit avec moi, sur scène ou en coulisses, à observer et noter les détails à corriger dans mes chorégraphies. Brad était obnubilé par la perfection. C'était un vrai pro. Il était tendre et doux avec moi...

Au début !

VI

Moi, Sharon, femme de Tarzan !

Pour marquer cette nouvelle étape de ma vie professionnelle, et pour bien dissocier ce que j'étais de l'image que je donnais aux autres sur scène, j'ai appliqué la même recette qu'à l'époque où la jeune Muriel adolescente souhaitait affirmer une autre personnalité : j'ai changé de prénom ! Je conservais Fily pour la vie privée, mais sur les podiums c'était désormais Sharon qui exciterait les foules.

La vie avec Brad était merveilleuse. Pour mon anniversaire, le premier fêté en tête à tête, il m'avait offert une bague et un adorable petit bichon que j'ai baptisé Kenzo. Brad ne me quittait pas d'une semelle. Que ce soit du jeudi soir au lundi tôt le matin pour le travail ou pendant le reste de la semaine passé à la maison à se reposer, à peaufiner nos prochaines sorties en duo et à faire l'amour. C'était génial. Brad me trouvait belle et m'encourageait sans cesse à m'occuper de moi. Il voulait que je fasse du sport, que je sois la meilleure sur scène. Il était généreux, sans avoir un sou. C'était un vrai panier percé, incapable d'économiser. Je gagnais mieux ma vie que lui et je ne compte plus les fois où je lui ai donné de l'argent... pour qu'il m'achète un cadeau ! Pourtant, nous faisions beaucoup de spectacles.

Brad profitait toujours de nos journées libres pour améliorer nos prestations. Très irrité chaque fois qu'un DJ prononçait mal mon nom de scène, quand il ne se trompait pas dans les enchaînements musicaux pourtant convenus avec lui à notre arrivée, Brad avait décidé de prendre les choses en main. Il enregistrait sur CD les annonces micro présentant nos numéros, suivies des musiques parfaitement mixées. En arrivant dans les établissements, Brad n'avait plus qu'à donner le disque au DJ ou à l'animateur et à gérer les jeux de lumières. Pendant qu'il réglait ces détails, j'allais tranquillement m'habiller sous la surveillance de Yann, un copain qui n'avait rien d'autre à faire que de me servir de garde du corps. Ce job l'amusait et soulageait Brad. Mais ce *bodyguard* n'était pas toujours présent quand j'en avais besoin.

*
**

J'avais accepté un contrat dans une petite discothèque de la banlieue d'Anvers. Je commençais à bien connaître ce type de soirée. J'étais en forme. Pour ce strip-tease, j'avais enfilé ma tenue préférée : une jupette, un body en cuir doré et string très échancré orné de lanières elles aussi en cuir. J'avais aussi un soutien-gorge normal et un Perfecto qui me laissait le haut du dos dénudé. Une grande cape recouvrait le tout. Et comme je suis petite, j'avais accompagné le tout de chaussures ou de bottes à talons hauts.

Dans ce costume, Fily le petit ange disparaissait pour laisser place à Sharon la démoniaque. J'aimais cette double identité. Dans la vie j'étais sage, naïve, tendre, romantique. Sur scène, mon côté démon me poussait à m'extravertir, à me laisser aller à des démonstrations sensuelles pour les uns, sexuelles pour les autres. Sharon excitait les hommes tandis que Fily voulait les aimer. Le combat n'était pas toujours facile à mener.

Ce soir-là, donc, j'ai commencé à mettre le feu dans la discothèque. Les hommes étaient déchaînés. Plus que d'habitude. Jusqu'à ce que l'un d'eux, n'y tenant plus, monte sur le podium, bien décidé à me glisser un billet dans le string. À ce moment du spectacle, je ne pouvais pas couper ma chorégraphie et le laisser faire. Ce client m'a alors attrapée par la nuque en me tirant assez brutalement sur le côté pour me coller à lui. Paniquée, une fois à portée de son visage je lui ai mordu la joue. Il m'a repoussée et je suis tombée à terre. Furieuse, je me suis immédiatement relevée pour lui donner un coup de poing dans le torse, prête à me battre comme une chiffonnière. L'homme me regardait méchamment. Je l'insultais. Je m'attendais à ce qu'il me frappe. Les videurs de la boîte sont arrivés à point nommé pour l'expulser.

Ce genre d'incident n'était pas courant, mais il faut toujours s'y attendre lorsque l'on danse si près du public. Certains clients ont essayé de m'embrasser, de me peloter. D'autres venaient m'aborder au bar ou à la sortie de la loge. Ils ne voulaient pas que je quitte la boîte.

Les enterrements de vie de garçon ou les anniversaires étaient parfois difficiles à gérer. Je me rappelle une prestation assez mouvementée, commandée par une bande de jeunes militaires pour fêter l'anniversaire de l'un d'entre eux. Le strip-tease devait se dérouler dans leur caserne. J'avais revêtu pour l'occasion un costume de cow-boy en daim rouge découpé au niveau du sexe et des fesses. Mes sous-vêtements étaient rouges et noirs. Quand je suis arrivée, ils étaient tous là, en uniforme kaki avec bérets et rangers, les bières sur la table... Classique, quoi ! Le militaire honoré était assis sur une chaise, les yeux bandés. On m'avait prévenu de mettre le paquet parce qu'il était timide et avait besoin d'être décoincé. Ça tombait bien, j'avais choisi un numéro très sensuel et rythmé sur une musique de Tina Turner enchaînée avec une autre de Björk.

Le show pouvait commencer ! Je me suis

accroupie pour lui enlever son bandeau et je me suis mise à danser autour de lui. Je le caressais un peu au passage. Puis je lui ai déboutonné sa chemise avant de me déshabiller progressivement. Comme on m'avait demandé de bien chauffer le jeune homme, j'ai pris ses mains pour les passer au-dessus de ma poitrine et près de mon sexe, sans jamais qu'il les touche. C'était strictement interdit et stipulé dans le contrat. C'est alors que le militaire, incapable de contrôler son excitation, m'a empoigné les fesses à deux mains en les serrant très fort. Dans ces cas-là – ce n'était pas la première fois qu'un client se lâchait –, j'avais développé un réflexe de protection : j'appuyais immédiatement un genou entre ses cuisses, là où ça faisait mal. Histoire de lui faire comprendre rapidement qu'il valait mieux qu'il retire ses mains tout de suite, sans quoi la pression exercée sur son entrejambe risquait de lui procurer beaucoup moins de plaisir que mon spectacle. C'était moi qui dirigeais ! Le jeune homme a lâché prise. Il aurait pu ne pas le faire. Quand tu es entourée de militaires surexcités, la situation risque de vite dégénérer. Pour cette raison, j'étais toujours accompagnée lors de ce genre de prestations. Tout s'est bien terminé, mais j'avais eu chaud !

J'en ai ainsi donné, des gifles, des coups de coude ou de genou. Je n'étais pas une marchandise à vendre et je tenais à me faire respecter. Pas touche à la strip-teaseuse !

Heureusement, j'ai en revanche de nombreux bons souvenirs. Comme ce jour où une cliente nous avait invités, Brad et moi, pour l'anniversaire de son mari. Après notre numéro, elle est venue nous voir :

– Vous avez été formidables ! Je vous remercie énormément car ce soir, et grâce à vous, je vais sûrement passer une nuit extraordinaire au lit avec mon mari.

C'était aussi pour cette reconnaissance que je travaillais. Le strip-tease faisait fantasmer les uns et servait à d'autres. Étant donné qu'il était impossible d'avoir le beurre, l'argent du beurre... et le cul de la crémière, il a fallu en accepter les bons et les moins bons côtés.

Tout ce que nous faisions sur scène avec Brad était pensé, réfléchi, travaillé, et jamais vulgaire. Nos chorégraphies évoluaient, devenaient de plus en plus belles. Nos costumes étaient choisis avec minutie. J'admirais cette recherche perpétuelle de perfection. Quand j'entrais sur scène, seule, je savais que Brad était là, en coulisses, tout près, à observer le moindre de mes gestes. Je cherchais souvent à accrocher son regard complice et professionnel au détour d'un mouvement de tête ou d'une contorsion sexy. Je le croisais à chaque fois. Je dansais pour lui, quand ce n'était pas avec lui. Avant chaque numéro, je ressentais ce trac, cette trouille que j'avais connus à mes débuts. Je ne craignais plus de déplaire au public, mais à Brad.

J'avais encore bien conscience qu'une majorité des spectateurs ne portait aucune attention aux efforts artistiques déployés. Pour beaucoup d'entre eux, une nana à poil bourrée de cellulite suffisait à les faire bander. Peu importe qu'elle soit en culotte Petit-Bateau, qu'elle se gratte les fesses pendant son show ou se déshabille maladroitement, mais je savais que la façon que j'avais d'exprimer ma sensualité, ma féminité, ma personnalité et mon art en toucherait tout de même quelques-uns. Ceux-là devinaient bien que j'étais Sharon, une vraie professionnelle fière d'offrir un spectacle de qualité et par conséquent du plaisir. Et non une pétasse ou une prostituée, comme je l'entendais dire ici et là. Tant que Brad me félicitait, j'étais heureuse.

La rencontre avec mon Tarzan m'a permis de découvrir de nouveaux lieux d'effeuillage, à commencer par les foires de l'érotisme. Ces salons réunissaient tous les professionnels européens du monde du charme et du sexe. On en organisait – et l'on en organise encore beaucoup – en Belgique et un peu partout sur le continent. J'aimais bien y participer car la nature de mes prestations changeait. Tout d'abord parce qu'elles se déroulaient en partie de jour ! Le matin, Brad me rasait les jambes, le sexe, et vérifiait que je n'avais aucun bouton disgracieux à dissimuler. Je lui rasais aussi le sexe. Il n'y avait rien de dégoûtant entre nous. Cela faisait partie du métier. Les strip-teaseurs sont tous narcissiques.

Dans ces salons professionnels, les contrats étaient différents. Je pouvais passer une heure dans un bain moussant à boire des coupes de champagne ou m'exposer nue devant les visiteurs sous des lampes à ultraviolets pour vanter la qualité de certains produits. Je participais à nouveau à des élections de Miss en tout genre. J'ai ainsi collectionné, toujours fière comme une gamine, les titres très disputés de « Miss Bas Résille », « Miss Seins Nus », « Miss Nue » ou encore « Miss Tee-Shirts Mouillés ». Quelle razzia ! Je faisais aussi des strip-teases et des défilés. Sans oublier de mémorables combats de catch à seins nus dans des bassins remplis de mousse avec ma copine Isabelle, elle aussi effeuilleuse. Qu'est-ce qu'on rigolait, toutes les deux, à simuler une lutte en criant ! On se laissait glisser dans des poses suggestives, puis on se laissait tomber dans la mousse en entraînant avec nous l'organisateur du combat. Tout le monde nous regardait. Je m'amusais. Et c'était bien payé !

J'appréhendais quand même ces périodes de salons. Elles étaient parfois difficiles à surmonter physiquement. En effet, bouche à oreille aidant, nous étions de plus en plus sollicités le week-end. Pendant les salons, les journées et les nuits de travail devenaient très longues.

Nos tournées débutaient le jeudi soir par deux ou trois strip-teases. Nous n'étions jamais de retour avant 2 heures du matin. J'avais à peine le temps de dormir que je devais déjà me rendre à l'inauguration du salon le vendredi midi. J'y faisais deux ou trois strip-teases, un défilé, une séance dans une piscine ou sous des lampes à bronzer, un petit tour avec Isabelle dans les travées, escortée par deux gardes du corps et suivie par une nuée de photographes, avant de rejoindre Brad pour préparer nos contrats de la soirée. Choix des costumes, briefing rapide sur les différents lieux à honorer, un sandwich pour caler les trous, et nous partions en voiture pour sillonner la Belgique, quand on n'allait pas jusqu'à Rotterdam ou au Luxembourg. Le lendemain, même programme : foire de l'érotisme l'après-midi et strip-teases le soir avant de revenir à la hâte dans la nuit pour assurer le défilé de clôture du salon. Et rebelote le dimanche soir, jusqu'au petit matin du lundi. C'était l'usine !

C'était aussi le meilleur moyen de distribuer nos cartes de visite, d'obtenir de nouveaux contrats, bref de gagner encore beaucoup plus d'argent. Et puis il n'y avait quand même pas de salons érotiques tous les week-ends ! De toute façon, j'aimais ce rythme endiablé. J'avais choisi de faire du strip-tease mon métier, je n'allais tout de même pas me plaindre de trop travailler !

*
**

Tout comme Kenzo, Brad était toujours à mes côtés. J'en étais toujours amoureuse et donc prête à tous les efforts. Nous avons ainsi vécu les six premiers mois de notre histoire en totale harmonie de corps et d'esprit. Nos sorties étaient bien rodées : voiture-boulot-dodo. Dans la voiture, Brad continuait à me donner des conseils :

– Tu as vu, là, tu as eu du mal à ouvrir ta bouteille d'eau. Desserre un peu le bouchon avant d'entrer en scène. Même chose pour ton pot de crème. Fais attention quand tu exécutes ce geste, tu as failli tomber.

Je l'écoutais. Je voulais être la meilleure pour lui montrer que je l'aimais. Et j'éprouvais toujours autant de plaisir à me voir bouger, à m'exhiber, à être considérée comme la star. Chaque soir, le défi consistait à remplir ce vaste podium vide qui s'offrait à mon imagination et à mes fantasmes. Je connaissais toujours cette montée d'adrénaline en entendant les premières notes de musique de mon numéro. Puis j'entrais en scène, comme possédée, en transe amoureuse. La chaleur et la moiteur qui régnaient dans les discothèques renforçaient cette sensation. Je voulais que mon mec soit fier de moi... faute d'avoir envie de moi !

En effet, après six mois de vie commune, Brad avait changé. Il était toujours très câlin, tendre et amoureux. Je l'appelais papa en suçant mon pouce, bien calée entre ses bras. Brad était devenu mon confident, ma bouée de sauvetage, mon repère, mon garde-fou, mon père, l'homme de ma vie, ma raison de vivre. Nous envisagions le mariage. Mais nous ne faisions plus l'amour ! Ou une fois par mois, grand maximum.

J'essayais de comprendre cette dégradation dans nos rapports sexuels. Brad, à cette époque, prenait beaucoup d'anabolisants pour gonfler artificiellement sa musculature. Ces produits jouaient sur sa libido, l'inhibait totalement, la déréglait. Lui me donnait une tout autre explication :

– Je ne supporte plus ton passé avec les hommes. Tu en as trop eu. J'aurais voulu être le premier de ta vie. Je t'aime profondément, mais coucher avec toi me semble sale, maintenant.

La gifle !

– Tu veux que je sois la meilleure, que je sois au top, que je fasse du sport, que j'entretienne mon corps. Je fais tout pour te faire plaisir, nous parlons de mariage et tu ne veux plus de moi sexuellement ?

– Non, répondait-il. Parce que je te respecte et parce que je t'aime. Je veux t'aimer purement.

– Je ne te comprends pas. Tu es jaloux et, si tu m'aimes, comment acceptes-tu que je me mette nue pour faire baver les hommes d'envie ?

– Quand tu es sur le podium, personne d'autre que moi ne peut t'avoir. Les clients s'imaginent tous ce qu'ils pourraient faire avec toi si tu rentrais avec eux, mais c'est avec moi que tu rentres.

– Fais-moi l'amour, alors !

– Non. Je préfère encore me branler dans les toilettes ! Je trouve l'acte sexuel dégradant. Va coucher ailleurs si tu veux, avec d'autres. Ça ne me dérange pas tant que nous nous aimons.

Je n'avais ni le besoin et encore moins l'envie d'aller voir ailleurs. Notre relation était pleine d'amour. Alors je me suis contentée de cette abstinence sexuelle imposée. J'étais blessée, mais pas résignée. J'espérais...

Nos duos étaient toujours aussi tendres, excitants, sensuels et professionnels. Monter sur le podium restait pour moi une drogue, une jouissance. Nous demeurions très complices. Lorsque nous roulions en pleine nuit, dans la campagne belge, de boîte en boîte, je posais ma tête sur les cuisses de mon Tarzan et je m'endormais, heureuse, pendant qu'il conduisait d'une main et me caressait les cheveux de l'autre. On rigolait de nos mésaventures. En Allemagne, des spectateurs m'avaient traité d'anorexique, de crevette, d'Éthiopienne. Brad avait eu droit aux surnoms de « croquette » ou de « tapette ». Les Allemands aimaient les grosses femmes et les hommes bedonnants. Avec ses cheveux longs et son corps d'athlète finement sculpté, Brad passait pour un homo. La qualité du show les avait un peu calmés !

Nous déshabiller au milieu de canettes de bière nous faisait encore sourire, même si nous rêvions tous deux à plus de luxe. J'avais toujours de belles idées sur l'amour. Brad répondait encore à bon nombre d'entre elles.

Nos strip-teases avaient progressivement acquis une grande réputation dans le milieu. Des particuliers fortunés commençaient à nous demander. Les clubs auxquels nous laissions nos cartes de visite appelaient pour nous transmettre les demandes. Quand ce n'étaient pas les clients qui venaient nous voir directement après le spectacle.

On nous invitait dans des milieux bourgeois à faire un strip-tease pour l'anniversaire d'un mari ou d'une femme. On se retrouvait dans de superbes propriétés, accueillis au champagne. Je me souviens tout particulièrement d'une femme qui souhaitait célébrer les cinquante ans de son mari. La villa, où s'élevait un gigantesque escalier en marbre, était superbe. Il y avait là une bonne partie de la jet-set d'Anvers. Notre numéro a duré quatre minutes. Et nous avons empoché quatre cents euros ! Certains particuliers exigeaient des femmes avec de gros seins, ou avec des petits. Dans ce dernier cas, je prévenais une strip-teaseuse de ma connaissance. D'autres clients nous imposaient une couleur particulière pour nos sous-vêtements. D'autres encore, au gré de leurs invités et de leurs fantasmes, ne souhaitaient recevoir que Brad, ou moi. Il n'y avait pas de règle. On prenait tout.

C'est ainsi que j'ai vécu une histoire peu ordinaire, mystérieuse et excitante. Un architecte anglais m'avait repérée sur un salon érotique. Il avait réussi à se procurer le numéro de téléphone de notre agence et s'était mis en contact avec moi.

– Bonjour, Sharon. J'aimerais que vous veniez faire un strip-tease pour moi, seule. Il y a un scénario à suivre. C'est à telle adresse, au troisième étage. Quand vous arriverez, la porte sera déjà ouverte. Entrez et dirigez-vous sur la droite, vers le feu de cheminée. Je vous laisse choisir la musique sur laquelle vous souhaitez évoluer. Si vous avez des photos de vous, apportez-en. J'aimerais vous en acheter.

Il m'a donné l'adresse, quelques détails supplémentaires sur le scénario, et a raccroché. Je ne connaissais ni son nom, ni son prénom, et je n'étais même pas sûre de sa profession. Brad était inquiet.

– Je viens avec toi ! Je resterai en bas. On ne sait jamais, tu as peut-être affaire à un détraqué ou à un *serial killer*.

Quand je suis arrivée chez l'architecte, la porte était ouverte, comme prévu. L'appartement était plongé dans le noir. Seules scintillaient les flammes de bougies disséminées un peu partout dans les pièces. L'homme, assis dans le noir sur son canapé, avait disposé sur une table basse du champagne et de la crème pour me caresser le corps. La situation était très excitante, et je ne me sentais pas en danger : l'architecte avait prédéfini un scénario dans lequel il n'était pas question de me toucher. Je me suis déshabillée pour m'enduire le corps de crème. Je devais, toujours selon le scénario, rouler à terre en m'enduisant les jambes et relever mes cheveux. L'homme ne bougeait pas. Il ne se masturbait même pas. Il contemplait. Sans jamais parler. Une fois mon numéro terminé, il m'a tendu un mot m'indiquant où était la salle de bains. Le temps de prendre une douche, je découvris qu'il avait disposé sur une table de somptueuses tenues qu'il m'offrait ! Je suis repartie de chez lui avec ces toilettes, un énorme bouquet de fleurs et une enveloppe sur laquelle était inscrit le mot suivant : « Merci, c'était magnifique, magique, merveilleux. Je vous contacterai. Au revoir. »

Brad avait beau ne plus me désirer, ce genre de rendez-vous le rendait jaloux. Ici, j'étais plus proche des clients que lorsque j'étais sur scène. Ils pouvaient me toucher s'ils s'en mettaient l'idée en tête, et bien que ce soit interdit par nos règles professionnelles. L'idée le dérangeait.

L'architecte m'a contactée à nouveau. Trois fois ! Les deux premiers rendez-vous se sont déroulés de la même façon. Tout était organisé, scénarisé, toujours dans le noir et sans un mot. L'architecte voulait que je porte de longues robes échancrées, laissant mes épaules nues, de superbes sous-vêtements en dentelle, ou des petits shorts avec des strings dessous. Les couleurs des vêtements qu'il me préparait ou qu'il me demandait d'aller chercher dans ses placards changeaient à chaque rendez-vous : bleu, rouge, gris. Il m'offrait du maquillage et du vernis pour les « prochaines fois », des robes également. Et il n'oubliait jamais de m'acheter des photos. C'était délicieusement mystérieux.

Mais, la quatrième et dernière fois que j'y suis allée, lorsque je me suis annoncée, toutes les lumières de l'appartement étaient allumées. Et je l'ai vu ! C'était un homme d'une quarantaine d'années. Très chic. Je l'ai longuement dévisagé. Son appartement était somptueux. Il ne s'est rien passé entre nous. Je n'ai jamais su qui il était vraiment. Je ne l'ai plus jamais revu.

Brad était jaloux qu'un inconnu m'offre des tenues et des cadeaux que lui ne pensait jamais à m'acheter malgré ses revenus de plus en plus importants. Il faut dire aussi qu'il dépensait beaucoup d'argent dans des futilités, les sorties et des « remontants » qu'il consommait chaque semaine en plus grande quantité. Il acceptait aussi, assez souvent désormais, des contrats de plus en plus glauques, dans des bars gays d'Anvers. Je l'y ai parfois accompagné. Là, son attitude m'a choquée. Brad se lâchait, beau comme un dieu, provocant à souhait, arrogant dans sa sensualité, désirable. Il était clair que danser pour des hommes, se déshabiller devant eux en les menant à une excitation hors normes lui procurait un intense plaisir. Les homos surexcités essayaient de le toucher, de le doigter, de le mordre, de lui attraper le sexe. C'était de la furie. Très hard. Brad faisait saillir ses muscles, il paraissait plus brutal, beaucoup moins sensible. Il se donnait à fond pour les homosexuels. Je le voyais tourner autour des clients, fixer leur regard intensément, leur prendre rageusement la tête à deux mains pour l'amener près de son sexe en érection. J'étais un peu jalouse, mais surtout admirative. Et un peu étonnée que Brad ne me regarde jamais pendant son numéro, comme nous avions pourtant l'habitude de le faire lorsque j'étais sur scène ! Nos regards ne s'accrochaient pas. Bref, je ne savais plus quoi penser.

Brad, homosexuel ? Mais non, me disais-je. C'est juste un professionnel qui fait bien son boulot. Il fait ça pour l'argent. Il m'aime. Je tentais de m'en persuader, mais le doute s'était immiscé. Je me souvins alors que son meilleur ami était homosexuel. Brad m'avait montré des photos d'eux. Sur l'une d'elles, Brad s'était déguisé en fille. Ils se tenaient par l'épaule comme de vrais amants et avaient l'air très proches. Jusqu'ici, je n'y avais porté aucune attention particulière. Je m'étais bien mise de mon côté à faire des duos lesbiens sur scène avec Isabelle, ce n'est pas pour autant que je préférais les femmes. Et puis il faut préciser tout de même que l'on avait décidé de se marier, de faire un enfant. Le mariage était même programmé pour la fin de l'année 1994.

J'avais vingt-deux ans. On voulait s'unir à Las Vegas !

J'essayais bien de parler à Brad de mes incertitudes concernant sa personnalité et ses pratiques dans les bars gays. Il me répondait toujours :

– Mais non, tu es malade. Ce n'est pas parce que je parais efféminé que je suis pédé. Je fais juste mon travail. Je ne suis jamais allé plus loin avec les hommes que ce que tu as pu voir sur scène. *Business is business.*

Peut-être. Seulement, dans le monde de la nuit, de nombreuses rumeurs couraient à son propos. On l'avait vu dans tel bar pisser dans la bouche d'un client qui le payait pour ça. Dans un autre se faire tailler des pipes par des hommes. Il traînait avec des transsexuels. Se droguait. Il rentrait parfois très tard dans la nuit, après quelques virées nocturnes en compagnie de copains peu fréquentables. Après tout, ce n'étaient que quelques aspects du milieu dans lequel nous vivions. J'en avais l'habitude et si j'avais dû m'inquiéter ou m'offusquer de tout ce que l'on y racontait, je me serais flinguée !

Les strip-teases privés me permettaient de découvrir les fantasmes des hommes riches. Ceux que j'avais eu à affronter jusqu'à présent étaient plutôt dignes et acceptables. Je n'avais pas eu peur lors de l'expérience avec l'architecte. J'étais bien moins rassurée dans les boîtes de province où il était difficile d'empêcher un spectateur en rut de monter sur le podium ou de me suivre sur le parking. Mais nos contrats nous emmenaient de moins en moins dans ce genre d'endroits.

Nous étions tellement sollicités que nous ne pouvions satisfaire toutes les demandes. Certains soirs, il fallait honorer dix contrats ! On se baladait en Belgique, en Hollande, en France, au Luxembourg, et jusqu'en Italie ! Alors nous avons créé notre société de strip-tease.

Là encore, professionnalisme oblige, tout était organisé. Nous laissions nos cartes de visite partout. On envoyait notre CV et notre photo par mailings entiers. Quand on ne pouvait pas se déplacer, on dépêchait une autre fille, un autre couple ou un autre strip-teaseur sur lesquels la société prenait une commission. Nous étions devenus agents de strip-teaseurs, sans abandonner le métier.

Nous gagnions alors très bien notre vie. C'était motivant. Nous nous entraînions du lundi au mercredi dans une salle de sport appartenant à des amis communs. Brad y effectuait ses exercices de bodybuilding avant de me rejoindre pour répéter nos spectacles devant de grands miroirs. Chaque séance durait une heure et demie. J'imaginais des chorégraphies, il essayait de les adapter à sa puissance physique. L'inspiration venait facilement. Je la tirais de la force, de la sensibilité et de la tendresse de notre relation. Et comme le sexe en était absent, nous ne pratiquions jamais de « *live act* » sur scène.

En revanche j'en ai vu, des filles, faire l'amour avec leur partenaire en public ! Et de quelle façon ! Ce n'était plus du strip-tease mais de la pornographie. Inutile de dire que les spectateurs étaient comme des fous ! Certains se masturbaient devant le podium ! J'avais pris le parti de rester sensuelle, d'embellir par une prestation artistique les endroits dans lesquels je me produisais. Je m'étais juré de ne jamais sombrer dans le hard. D'ailleurs j'en étais bien incapable, d'autant que j'avais accepté une vie sexuelle inexistante avec Brad. Je m'en contentais.

Il nous arrivait parfois de passer quatre jours d'affilée sans dormir, à sillonner les autoroutes et les départementales pour rejoindre un point ou un autre sur nos cartes routières. Pour tenir le rythme, Brad consommait de la cocaïne. J'en avais déjà pris avec un ami, mais c'était dans un contexte de fête, juste pour passer une bonne soirée. Je refusais d'en prendre pour tenir le coup. On sortait beaucoup. Je me suis remise à boire alors que j'avais tout arrêté quand j'avais rencontré Brad. Sans m'en apercevoir, j'ai pris six kilos ! J'étais fatiguée, horrible, le visage bouffi et les yeux bordés de cernes que le maquillage masquait de plus en plus difficilement. Apparemment, les clients ne le remarquaient pas. Je leur plaisais encore. Puis je suis tombée malade.

Brad – étaient-ce les anabolisants ? – avait le sperme infecté. En faisant l'amour, il m'avait contaminée. Direction l'hôpital. J'ai été opérée d'urgence. Brad dormait dans ma chambre, affolé par mon état, chaque seconde aux petits soins. Je retrouvais l'amour de ma vie, prévenant et attentionné. Ce fut également l'occasion d'avouer à maman, qui est venue me voir, la vraie nature de mon métier.

Maman connaissait déjà l'existence de Brad. Je lui racontais ma vie par bribes lorsque je passais à Bruxelles, prétendant toujours que j'étais hôtesse. Elle savait que nos rapports sexuels n'allaient plus comme avant.

– Maman, il faut que je te parle. Je suis strip-teaseuse professionnelle. Brad aussi.

Je lui ai tout raconté. J'en avais besoin. Maman fut dévastée. Comme si la bombe d'Hiroshima lui était tombée sur la tête. Elle qui pensait que je n'étais encore qu'une hôtesse de charme gravitant dans un milieu malsain, quand elle a su que je dansais nue, elle s'est énervée.

– Mais Muriel, tu es complètement folle. C'est ce Brad qui t'a entraînée ? Ce n'est pas un mec bien. Regarde ses tatouages, ses boucles d'oreilles, ses cheveux longs et son mode de vie suspect. C'est un homme malsain. Je suis sûre qu'il se drogue. Abandonne tout ! Reviens à la maison. Ne te marie pas avec lui.

Peu de temps avant, je l'avais mise au courant de notre projet de mariage. Maman avait pleuré. Elle s'y opposait avec force. J'avais été très triste de sa réaction, moi qui souhaitais la rendre heureuse, qu'elle me voie enfin en robe de mariée, épanouie.

À ma sortie de l'hôpital, pour tenir le coup cette fois, j'ai pris de l'éphédrine, un médicament moins puissant que la cocaïne mais suffisamment fort pour que je me requinque. De son côté, Brad sortait de plus en plus souvent la nuit, sans moi. Il rentrait tard... quand il rentrait. Je fouillais ses poches. J'y trouvais des notes d'hôtel. Les discussions sur nos relations sexuelles se répétaient. J'attendais une réelle explication. Je l'ai finalement eue ! Brutal et violent comme Brad savait l'être lorsqu'il s'emportait, un soir il me donna le coup de grâce.

– Fily, faut que je te dise, je ne veux pas l'admettre, mais je n'aime pas faire l'amour. Et arrête de te comporter avec moi comme une petite fille. Je ne suis pas ton père !

J'étais atterrée ! Brad venait de déchirer dangereusement le cocon que j'avais tissé autour de lui.

Avec un peu de recul, je me dis que cette homosexualité refoulée aurait dû me sauter aux yeux. Je revoyais son attitude sur scène envers les filles qui stripaient avec lui. Brad restait doux, sensuel, mais les caresses qu'il leur prodiguait n'étaient jamais appuyées, jamais franches. Brad les caressait du bout des doigts, les effleurait de la paume, alors qu'elles s'offraient entièrement nues à lui. Il y avait beaucoup de retenue dans ses gestes, du dégoût peut-être aussi. Mais il était trop professionnel pour le montrer. Sans parler de ses sorties nocturnes solitaires dans les rues glauques d'Anvers. Mais j'avais naïvement essayé de me convaincre que, en tant que pro, Brad s'adaptait aux exigences du lieu et de son public. J'ai donc décidé de ne plus l'accompagner dans les bars homos. Je l'ai laissé faire, sans trop me poser de questions. Je l'aimais. Il disait m'aimer. C'était l'essentiel. C'était quand même grâce à lui que je me retrouvais désormais au top niveau du strip-tease. Jusqu'ici je m'étais épanouie à son contact, sans me soucier du qu'en-dira-t-on. Il m'avait offert mon chien, j'avais une maison et de l'argent. Il devait surtout devenir mon mari.

Il ne l'est pas devenu ! Brad me trompait avec une fille de la salle de sport alors qu'il ne me faisait plus l'amour. Puis il est allé avec Candy. Ce n'était pas vraiment une fille comme les autres. Candy était un transsexuel ! Un matin, j'ai trouvé une cassette vidéo dans notre boîte aux lettres. On y voyait mon Tarzan coucher avec Candy ! C'était trois semaines avant la date de notre mariage ! Le monde s'écroulait.

J'ai demandé des explications. Brad n'en avait pas..

– Quelqu'un a mis une pilule d'ecstasy dans mon verre. Je me suis fait piéger. Tu sais que je t'aime, que je tiens à toi.

J'ai consulté un psy. J'avais besoin de mettre de l'ordre dans ma tête. Cet épisode passé, j'ai repris mon travail. J'ai suivi Brad. Toujours par amour. Par nécessité aussi. J'aimais notre existence atypique. Nous avions un élevage de neufs rottweilers, un perroquet, des furets, un chat, un pitbull, des chiens espagnols « perro depressa » et Kenzo. Une vraie arche de Noé paradisiaque. Notre vie était platonique et douce à la maison du lundi au jeudi, et complètement débridée la nuit, du jeudi au lundi matin. Cet « équilibre » me convenait ! Je ne me voyais pas vivre le train-train d'une vie normale et conventionnelle. J'avais besoin d'un peu de folie pour ne pas disjoncter. Je sais, c'est paradoxal mais c'est ainsi. Je fréquentais des gens qui payaient royalement mes strip-teases, je vivais dans ma maison, entourée d'animaux et avec un homme qui, même s'il ne me touchait plus et me trompait, faisait encore très attention à moi. J'étais un peu sa poupée, la marionnette qu'il façonnait chaque jour pour être la plus belle... et la plus rentable !

VII

La descente aux enfers

Décembre 1995. Foire de l'érotisme de Bruxelles. Une quinzaine de filles s'affairent dans une grande salle située dans les sous-sols du salon. L'ambiance est tendue. Pas un mot. Toutes s'épient, se jalousent, s'envient. C'est que l'enjeu est important : nous participons à l'élection de « Miss Belgique Nue ». D'accord, ce n'est pas Miss France ni Miss Belgique, mais, dans notre milieu, cette compétition permet tout de même à la lauréate de jouir d'une excellente publicité. Se présenter à « Miss Belgique Nue » offre l'opportunité de mieux se faire connaître des organisateurs de spectacles professionnels et, surtout, d'être mieux rémunérée qu'une « Miss String », « Miss Grosse Poitrine » et autres titres gadgets glanés ici et là depuis le début de ma carrière. À l'époque, ce genre d'élections n'était pas aussi répandu qu'aujourd'hui.

L'agence marchait déjà fort. Ravir la couronne de

Miss Belgique Nue garantissait de la voir prospérer. Dans quelques minutes, j'allais savoir si Sharon était vraiment la meilleure.

En attendant, il s'agit de gérer le stress et la concurrence. Certaines candidates refusent tout contact ou gardent jalousement leur Rimmel. Une autre fille, très belle, Ève, se pavane, s'imaginant le titre déjà en string... les poches n'existant pas sur nos costumes ! Je demeure étonnamment calme. Depuis deux ans maintenant, j'ai appris à avoir confiance en mon corps et en ma technique. Quelques candidates se sont inscrites pour faire le nombre, comme on dit. Elles sont débutantes ou n'ont carrément aucune notion du strip-tease ! Je n'en vois qu'une capable de rivaliser avec moi : Ève.

C'est l'heure ! Je passe en sixième position. Il y a foule autour du podium ! Des coulisses, j'aperçois celle qui me précède. Je l'entends se faire siffler, huer même. Il faut dire que son spectacle est horrible. La pauvre est raide comme un piquet et sensuelle comme une rosière. Comment ose-t-elle danser et se dénuder en public ?

C'est à moi !

Sur une musique lente et douce, dans mon ensemble en perles noires et argentées, j'entame mon exhibition par un grand écart. Eh oui, je reprends l'un de mes premiers numéros fétiches. Avec ma bouteille d'eau, je m'arrose sensuellement le corps et les cheveux, sans oublier d'asperger également un public complice et très enthousiaste. Puis la musique s'accélère. Je termine le strip-tease dans une ambiance de feu, sous un tonnerre d'applaudissements. Il va falloir qu'Ève s'accroche pour me priver du titre ! Elle s'engage sur le podium. Son talent évident et son désir de se surpasser enflamment également la salle. Le vote va être serré !

Quelques minutes passent. Le temps pour le jury de prendre ses décisions. Toutes les candidates sont appelées sur le podium. L'égrenage des places d'honneur commence : cinquième, quatrième, troisième. Pourvu que je ne sois pas seconde. Je déteste cette place !

L'organisateur fait monter la pression. Nous ne sommes plus que deux à disputer le titre. Après un dernier coup d'œil aux fiches de résultats transmises par le jury, il porte le micro à sa bouche :

– La dauphine de « Miss Belgique Nue » est... Ève !

J'ai gagné ! Enfin un titre qui ne compte pas pour des prunes ! Au-delà de cette victoire, je suis heureuse d'avoir prouvé aux médisants du milieu que je n'ai pas besoin d'une poitrine siliconée pour me distinguer. La mienne est naturelle, et j'en suis fière. C'est donc sous des sifflets aussi admiratifs qu'envieux que j'enfile mon écharpe de Miss.

*
**

Brad aussi était fier de moi. Il voyait s'ouvrir, à travers cette gloriole professionnelle, de nouvelles portes encore plus lucratives. Bien plus glauques aussi.

Notre situation sentimentale n'avait pas évolué. On travaillait de plus en plus, de plus en plus loin, et dans des lieux de plus en plus malsains bien que huppés. Les tournées s'allongeaient. Il n'était pas rare que nous revenions à la maison le lundi midi, exténués... et drogués. L'éphédrine ne me faisant plus assez d'effet pour tenir le rythme et pour encaisser ma déception amoureuse, je m'étais mise progressivement à la cocaïne. Je ressentais une certaine lassitude du milieu. Je perdais Brad petit à petit et il m'arrivait souvent de pleurer dans mon lit en essayant de trouver un sommeil qui ne venait pas, la cocaïne me tenant excitée toute la nuit. Les « descentes », comme on dit chez les drogués, étaient souvent difficiles à assumer après chaque week-end. Fatigués et shootés, on s'engueulait souvent, Brad et moi. Il exigeait toujours plus de moi, me reprochait mon sentimentalisme. Il souhaitait surtout que j'oriente ma carrière vers des contrées encore inexplorées et dans lesquelles le sexe prenait une large place.

– Fily, les gens, aujourd'hui, veulent voir du cul et encore du cul. Ils sont prêts à payer très cher pour ça. Il faut qu'on leur en donne.

– Mais je ne peux pas faire ça, Brad. Je suis comme je suis. Je ne peux pas changer. Il est hors de question que je bascule dans la prostitution ou dans le vice. Si c'est comme ça, je préfère encore arrêter.

J'étais sérieuse. Au point, parfois, de me faire remplacer par une autre fille quand je n'avais pas envie de travailler. Brad n'insistait pas. Il était bien plus malin que ça : après les shows, il m'emmenait finir la nuit dans des endroits louches, des bars à putes, ou carrément dans des bordels ! Sans doute voulait-il me familiariser avec un milieu qu'il avait fréquenté bien avant moi, que je ne connaissais pas, et qui l'attirait pour tout l'argent qui y circulait. Dans ces lieux de débauche, j'ai découvert une clientèle aisée aux pratiques abominables, détraquées, dégradantes.

Un soir, par exemple, après un spectacle, Brad décide d'inviter un couple d'amis à boire un dernier verre. Il est 4 heures du matin. À cette heure, seuls les bars sado-masos d'Anvers sont encore ouverts. C'est la première fois que je mets les pieds dans un endroit de ce genre. Tout le monde s'assoit, commande, quand un homme, presque nu et portant autour du cou un collier clouté de chien, s'amène à quatre pattes devant moi :

– Maîtresse, occupe-toi de moi !

Je jette un regard effaré à la tablée.

– Il n'est pas bien ou quoi, celui-là ?

– Ne t'inquiète pas, répond Brad. Vas-y, amuse-toi avec lui. Il n'est pas méchant.

Brad me testait. Il savait que j'aimais relever

toutes sortes de défis pour me faire admirer et aimer de lui. L'homme, toujours à quatre pattes, m'invite à le suivre vers un coin du bar mieux équipé pour répondre à ses fantasmes :

– Viens ! Monte sur mon dos. Chevauche-moi !

J'ai enfourché ce malade mental qui m'a conduite, sur son dos, à l'endroit désiré. Il y avait là un petit panneau accroché au mur sur lequel étaient fixés des pinces, des crochets et des anneaux de tailles différentes. Les uns servaient à attacher les tétons de la poitrine, les autres étaient réservés aux testicules !

– Prends ces pinces et serre-moi fort les tétons, m'ordonne-t-il.

Je m'exécute, complètement abrutie par cette demande.

– Vas-y ! Serre plus fort. Oh oui ! Je jouis, c'est bon ! Fais-moi mal !

La curiosité passée et la raison retrouvée, je prends conscience de la vulgarité de la situation. J'arrête les sévices corporels et je reviens à la table où tout le monde m'attend, l'air très amusé. Je m'allume une cigarette. Brad paraît très satisfait. Ma victime volontaire est déjà revenue sur mes talons.

– Maîtresse, brûle-moi les seins !

Cette fois j'ai refusé et nous sommes partis de cet endroit de débiles !

*
**

Je préférais encore m'épuiser en tournée. En la matière, j'étais servie. Si mon titre de « Miss Belgique Nue » nous apportait, à Brad et moi, des contrats bien plus intéressants et plus nombreux, Brad m'emmenait aussi dans des lieux où l'argent permettait d'assouvir des demandes autrement étonnantes et choquantes. Et que dire de l'ambiance ! J'étais désormais fort loin de l'époque conviviale où Laurent exhibait sa petite troupe de boîte en boîte. Il n'était plus question de rire dans les loges autour d'un bon petit déjeuner. Maintenant, j'avais affaire à des strip-teaseurs et des strip-teaseuses professionnels qui, comme Brad, n'avaient pas toujours les mêmes idées du métier que moi.

Certains soirs, les loges ressemblaient plus à une vaste salle à partouzes qu'à un vestiaire-refuge. Les hostilités commençaient avant le spectacle. Il faut savoir que sur un podium, les strip-teaseurs sont obligés d'être en érection, pour l'esthétisme et pour exciter les filles à qui ils se colleront pendant le show. Si leur sexe pend quand ils dansent, c'est déjà moins sexy ! Les hommes devaient donc se « mettre en condition » en se masturbant dans la loge avant le numéro. Une fois leur pénis à peu près dur, ils prenaient un morceau de tissu couleur chair et serraient très fort la base de leur sexe pour couper l'afflux sanguin et maintenir l'érection le temps du show. Ça, c'était pour les hommes seuls. En ce qui concerne les autres, ceux qui pratiquaient en duo, pas besoin de masturbation. C'étaient leurs coéquipières qui les suçaient ! Imaginez la scène dans la loge. L'étroitesse des lieux favorisant la proximité, ces « échauffements » se terminaient souvent en débauche générale. J'ai vu des mecs se sucer entre eux, des strip-teaseuses se faire pénétrer, des couples se mélanger, des lesbiennes se lécher. Ces pratiques n'avaient l'air de gêner personne d'autre que moi. Pire, même : tout le monde avait l'air d'y prendre plaisir, de s'éclater. Il n'y avait aucun tabou. On me demandait toujours de participer. Certains strip-teaseurs essayaient de me déshabiller ou de m'embrasser pour que je prenne goût à ces orgies. Je refusais systématiquement. Mais, quelque part, je les enviais. Je ne faisais quasiment plus l'amour avec Brad et j'en voyais prendre leur pied à le faire, devant moi, sans se préoccuper de leur entourage.

Pour finir la description des occupants des lieux, il y avait ceux à qui la branlette ou la pipe ne faisait plus d'effet. Plutôt que de perdre du temps, ils se faisaient directement des injections à la seringue dans le gland. Un soir, j'ai vu un strip-teaseur ne plus pouvoir débander pendant une heure après son numéro ! Il souffrait le martyre.

Dans mon coin de loge, près de la grande valise qui nous servait de malle à accessoires, je continuais imperturbablement à m'attacher à tous les petits détails de préparation de mon numéro. Brad s'occupait de la musique et des lumières. Je m'enduisais de litres d'huile pour faire briller mon corps et, en attendant qu'elle sèche, je me maquillais soigneusement. Quand je ne travaillais pas, je passais beaucoup de temps à me faire bronzer sous les UV. Il fallait donc que je fasse bien attention à masquer les petites marques blanches laissées par mes strings. Les filles aux seins refaits dissimulaient leurs cicatrices. Je terminais par ma coiffure et par le visage : fond de teint très mat, contour des yeux prononcé et rouge à lèvres. Toujours très professionnelle. Comme Brad. Il ne fallait surtout pas que je lui donne les armes pour me critiquer ! Notre vie de couple était déjà assez compliquée comme ça !

Heureusement, sur scène, je plaisais encore beaucoup. Les clients continuaient à venir me féliciter ou à me raconter leur vie. Vu les tarés que je rencontrais avec Brad, ça me faisait plaisir de retrouver ce contact plus humain. Je commençais à reconnaître certains clients habitués. Ils ne venaient que pour moi, ramassaient mes sous-vêtements après le spectacle pour me les rapporter. J'étais flattée de ces attentions. Nous parlions. D'eux surtout. De leur femme, « parfaite pour tenir la maison et s'occuper des enfants, mais au lit... », de ce qu'ils pensaient du strip-tease, de mes spectacles, de la vie.

Un soir, sur le coup de 2 heures du matin, j'ai vu une femme en furie approcher pendant que je discutais avec un client. C'était la sienne ! Elle l'insultait. Lui répondait difficilement qu'il valait mieux qu'il soit ici qu'avec une pute. Elle l'a giflé avant de partir.

J'ai revu ce client quelques semaines plus tard, dans le même bar. Il avait divorcé. Son mariage avait été plus ou moins arrangé par les beaux-parents respectifs. Il n'avait jamais vraiment été heureux avec son épouse. Sexuellement, ce n'était pas ça non plus. Bref, j'étais sa confidente. J'aimais jouer ce rôle. Je me sentais un peu utile, même si j'avais été l'élément déclencheur de ce divorce... comme j'allais l'être dans un autre – et lequel ! – par la suite. Je ne me culpabilisais pas. N'importe quelle autre strip-teaseuse aurait provoqué les mêmes conséquences. Encore heureux qu'il ne soit pas tombé avec certaines danseuses qui n'hésitaient pas à se prostituer après le spectacle pour arrondir leur cachet. Moi, au moins, je lui faisais plaisir sans rien lui coûter !

Cela dit, je n'étais pas toujours à l'écoute des clients. Parfois, quand la foule me tapait sur les nerfs, quand j'étais fatiguée ou droguée, j'entrais sur scène avec des idées beaucoup plus revanchardes sur les hommes. Tout en dansant, je me disais : « Ah, vous voulez profiter de la situation pour me sauter et me baiser comme une malpropre avant de me jeter ? Maintenant, c'est moi qui tiens les rênes ! Je vais vous en faire baver d'envie. Mais vous ne m'aurez pas ! Même pour tout l'or du monde. »

Cette image bestiale et vulgaire que j'avais des

hommes me désespérait et me faisait souffrir. Comment, en effet, trouver dans ce milieu un prince charmant respectueux et sans arrière-pensées ? Même Brad, avec qui je croyais finir ma vie, me décevait de plus en plus.

Nous vivions ce rituel de la tournée six à dix fois par nuit, quatre nuits d'affilée par semaine, de 19 heures à l'aube. On se baladait partout en Europe, et toujours en voiture. C'était devenu l'usine. Seule la drogue permettait de tenir.

Il faut bien comprendre que dans ce milieu, lorsque tu veux vraiment en vivre, il faut s'attendre à une concurrence du diable. Si tu refuses des contrats, d'autres les accepteront. Et ce sont eux qui laisseront leur carte de visite en partant et que l'on rappellera au besoin. Il faut aussi faire face à une forte concurrence d'amateurs qui acceptent des salaires de misère, en rapport avec leur talent. Ceux-là travaillent beaucoup. J'ai ainsi eu l'occasion de voir une jeune femme de cent vingt kilos jouer les strip-teaseuses. Son numéro connaissait un véritable succès ! Elle n'arrêtait jamais de bosser. Cette femme avait pris le parti de se moquer de son physique et de se convaincre une bonne fois pour toutes que « les hommes préfèrent les grosses ». Elle avait raison. Tout le monde pouvait devenir strip-teaseur du dimanche ! Par conséquent je n'avais jamais le droit de faiblir, de me reposer.

Certes, la création de l'agence permettait de faire un choix dans nos contrats. Mais il fallait en accepter le plus possible. D'autant que la drogue commençait à nous coûter très cher. Sans oublier l'entretien des neuf chiens, de la maison, des trois voitures, etc.

L'ambiance entre les strip-teaseuses professionnelles ne ressemblait plus du tout à celle de mes débuts. Les filles ne s'aimaient pas. Nous étions toujours en compétition. Il fallait être la plus belle, la plus sexy, la plus excitante, décrocher le plus de contrats, les meilleurs tarifs. Du coup, j'étais sans cesse contrainte d'innover, de rendre mes numéros toujours plus spectaculaires, de dépenser toujours plus pour mes costumes. Tout ça demandait du travail. Le fait d'avoir une poitrine naturelle et de ne pas participer aux déviances sexuelles dans les loges m'isolait également des autres. Des filles faisaient même courir le bruit que je couchais à droite et à gauche, en solo.

J'avais très peu de copines dans le métier, excepté Isabelle. Nous avions mis au point un numéro de lesbiennes que Brad admirait. Il le trouvait très beau, très sensuel. C'est Isabelle qui allait m'accompagner, dans quelques mois, pour une séance photo au bord d'une piscine devenue célèbre, creusée dans une villa du sud de la France, pas très éloignée de Monaco !

*
**

Pour ignorer les malveillances et supporter le rythme infernal du week-end, j'ai carrément plongé – à fond – dans la drogue. Je me suis laissé entraîner dans la spirale infernale et destructrice où Brad s'était engouffré bien avant moi. Et dans ce domaine, il était tout aussi organisé que dans le boulot. Une fois le numéro terminé, on filait dans la voiture. Toute la panoplie du parfait camé était préparée dans le vide-poches : cocaïne, carte magnétique pour couper la coke et se faire des lignes, petite palette et paille pour les sniffer. Pendant que Brad prenait la route, je préparais les rails de coke. On s'en enfilait deux grammes dans le nez, chaque nuit. Quatre nuits d'affilée par semaine ! Les connaisseurs apprécieront la performance et les dégâts... C'était la seule drogue qui me faisait réellement de l'effet. J'avais déjà essayé l'ecstasy, l'éphédrine, le poppers et plein d'autres saloperies, mais seule la cocaïne me maintenait en forme. Quand j'en prenais, je me sentais bien, mon cœur battait vite et je parlais à n'en plus finir. Je restais néanmoins lucide sur les podiums et je ne voyais pas d'éléphants roses sur la route. Avec la coke, je n'avais plus besoin de boire d'alcool ni de suivre des régimes pour faire attention à ma ligne. La drogue brûlait les calories et me coupait l'appétit. Et vu ma consommation, j'ai inévitablement maigri. Je ne pesais plus que quarante-sept kilos ! Je comprends ceux qui continuaient de me traiter d'Éthiopienne sur scène ! Ils pouvaient toujours causer ! Depuis toute petite, j'avais un vrai complexe par rapport à mon poids. Mon frère se moquait toujours de moi et de ma prétendue cellulite. Il me rendait malade de colère ! La drogue a réglé le problème une fois pour toutes. Tant que j'en prenais, je ne grossissais pas. J'avais quand même conscience de me transformer peu à peu en un joli petit robot effectuant ses effeuillages sans plaisir. Je prenais de la drogue comme une autre prendrait du café. Pour tenir. Pour oublier mes problèmes de couple avec Brad, que j'aimais encore.

Accoutumance aidant, il fallait toujours augmenter les doses pour maintenir mes performances au top. Chaque lundi, le retour à la maison représentait un véritable calvaire. Je n'arrivais plus à dormir. La « descente » devenait interminable. Physiquement et moralement difficile à supporter. Dans ce cas-là, il n'y avait pas cinquante solutions : je me suis gavée de calmants, d'antidépresseurs et de médicaments en tout genre. Bonjour le mélange ! Je ne savais plus qui j'étais : Fily, Sharon ? Muriel ?

Parfois, quand j'allais faire les courses, des clients de la veille au soir me reconnaissaient.

– Salut, Sharon, ça va ? Tu te souviens ? Je suis Untel, on s'est parlé quelques minutes hier soir après l'un de tes spectacles...

J'étais perturbée par ces rencontres. Sharon était mon nom de reine de la nuit. Le jour, c'était Fily. Comment les clients auraient-ils pu le savoir ?

Quand le soleil se levait, je me sentais mal dans ma peau de Sharon. Comme ces hommes d'affaires qui, la nuit venue, se déguisent en drag queens et retrouvent le lendemain leur respectabilité. J'aurais voulu avoir un masque de Fily à poser sur le visage de Sharon. J'avais un vrai problème d'identité. J'acceptais de moins en moins l'étiquette de strip-teaseuse droguée qui me collait à la peau sans jamais pouvoir exprimer la sensibilité et les rêves encore purs de la Fily amoureuse et romantique. J'entrevoyais, pas très clairement encore, les conséquences que pourrait avoir sur ma vie future mon activité nocturne. Mais j'assumais. Je l'avais voulu et je ne regrettais rien. Je me sentais encore assez forte pour endurer les sarcasmes, les critiques et autres insultes. J'aimais mon métier, surtout lorsque je le pratiquais dans les « *table dance* » d'Anvers.

Me produire dans ces bars spécialement conçus pour le strip-tease me procurait un réel plaisir. Les « *table dance* » d'Anvers ressemblaient à ceux des États-Unis : un grand bar bien décoré et un large podium avec une barre de strip-tease au milieu. Comme dans le film *Strip-Tease* avec Demi Moore et, maintenant, dans les clubs huppés ouverts à Paris. Les clients étaient installés assez loin, savaient se tenir et déposaient leur argent sur le podium pendant que je dansais. Le cachet fixe n'était jamais très élevé, mais les pourboires, eux, grimpaient à toute vitesse. Il m'arrivait de gagner plus de mille euros dans la soirée.

Malheureusement, Brad, véritable patron de l'agence, acceptait aussi des contrats dans des milieux parfois bien moins sains.

À Bruxelles, je me suis ainsi retrouvée à danser et me déshabiller dans un club échangiste. Ce lieu très privé était dissimulé derrière les murs d'une immense et superbe villa, avec bar, piscine intérieure, piste de danse, petits salons et chambres à l'étage. Tout le monde y déambulait à poil. Ça se caressait, s'embrassait, se suçait et baisait dans tous les coins ! S'il y en a eu cinq qui m'ont vu me déshabiller, c'est le bout du monde. Je n'avais rien à faire là. Je me sentais complètement inutile. Je n'y prenais aucun plaisir.

Mais c'est dans les bordels de luxe que j'ai été le plus mal à l'aise. C'est là que j'ai pu découvrir des bassesses dont je ne croyais pas les hommes capables. Et encore moins des hommes riches, influents, hauts placés, propres sur eux, bien élevés et n'hésitant jamais, dans le cadre de leur profession, à vous faire la morale. Si vous les aviez vus comme je les ai vus !

Brad participait de bon cœur à ces déviances sexuelles dégradantes pour l'humanité. Je l'ai vu un jour s'isoler dans les toilettes pour pisser dans une bouteille en plastique.

– Que fais-tu ?

– J'ai un client médecin qui veut boire mon

urine. Il paye très cher pour ça. Alors je lui remplis une bouteille !

– Boire ton urine ? Mais tu es fou ?

– Fous-moi la paix ! C'est toujours ça de pris !

Je savais que le médecin en question fréquentait Brad depuis quelques semaines. Je me demandais même si ces deux-là n'allaient pas un peu plus loin dans leurs relations.

J'avais déjà entendu des hommes demander à des hôtesses de leur faire caca dessus. Mais boire de l'urine, jamais ! Et s'il n'y avait que l'urine ! Dans ces établissements, certains clients étaient prêts à payer des sommes colossales pour se faire traiter comme des esclaves. Ils léchaient les bottes de la fille. Passe encore. Le jeu devenait insupportable quand la fille ordonnait à son « esclave » d'aller faire le tour des chambres pour récupérer des capotes usagées. De retour avec les précieux lambeaux, l'homme devait lécher dans chacune d'elles le sperme séché ou encore frais ! Je l'ai vu ! C'était à vomir.

Sur place, en tant qu'observatrice passive, désabusée et paumée, je tentais de prendre de la distance. J'essayais de me convaincre qu'il fallait en rigoler. Je me demandais ce que je faisais dans ce monde. Mais, de retour à la maison, je n'en dormais pas de la nuit ! Ces images répugnantes se succédaient dans mon sommeil, transformant mes rêves en cauchemars.

Quand je pense aux journalistes et autres « bien-pensants » qui m'ont traitée de pute, de vicieuse, de bête assoiffée de sexe ! Les gens qui travaillaient dans les milieux de la nuit que j'ai connus n'étaient peut-être pas des saints, mais que dire des clients ? On n'en parle pas beaucoup, dans la presse ! Ce sont tout de même eux qui avaient ces fantasmes dégoûtants, et l'argent pour les assouvir. Il est un peu simple de ne taper que sur des filles comme moi. D'accord, je dansais nue et j'excitais les hommes volontairement. Et les « braves gens », comme dirait Brassens, de crier au vice. Soit. Mais quand je vois, parallèlement, ces mêmes personnes considérer comme normaux des hommes mariés, riches ou de bonne famille, qui s'envoient en l'air le week-end avec leur maîtresse ou avec une prostituée... Ou comme respectables des hommes qui vont en catimini s'exciter comme des bêtes devant un spectacle de strip-tease pour rentrer chez eux comme si de rien n'était et sans toucher leur femme ! Contrairement à ces clients détraqués et à la mémoire courte, je revendiquais mes choix. Je n'étais pas de ces saintes nitouches ni de ces pimbêches occupées à torcher leurs mômes et à faire le ménage dans la journée pour se faire sauter le soir sur un parking de discothèque par un inconnu, histoire d'oublier les carences sexuelles de leur mari. Je n'étais pas une prostituée prête à s'asseoir sur toutes ses convictions et son amour-propre pour gagner quelques euros. Et encore moins une détraquée sexuelle capable des pires bassesses pour de riches clients qui, à la première alerte, sortaient le bazooka pour te fusiller avant que leurs pratiques ne soient révélées au grand jour. Comme toutes les femmes, j'avais envie de faire des bébés, d'aimer, d'être aimée, d'avoir une maison à retaper, à décorer, de voyager.

Mais à l'époque j'étais surtout Sharon, une strip-teaseuse amoureuse de son art et de Brad. À lire ces lignes, il paraît peut-être inconcevable de n'avoir jamais dérivé du strip-tease pour succomber à l'argent facile moyennant déviances. Il faut simplement comprendre que j'étais amoureuse comme une femme peut l'être d'un marginal ou d'un grand bandit fascinant. Ce type de femme peut subir tous les outrages, les mauvais traitements moraux ou physiques, l'amour les lui fait souvent oublier. Je n'avais pas envie de tromper Brad. Quand on est folle amoureuse, il y a toujours une lumière d'espoir qui brille.

J'étais droguée ? Et alors ? Je préférais encore ça que de devoir gagner ma vie en pissant dans la bouche de mes clients ou en leur faisant lécher des capotes usagées ! Au moins j'avais bonne conscience.

Toutes les strip-teaseuses ne se droguaient pas. Celles qui exerçaient cette activité le samedi soir pour arrondir leurs fins de mois n'avaient pas besoin de toucher à la drogue. Moi, je n'avais pas de salaire d'appoint pour vivre. Je devais assurer, tout assumer. Je me droguais par nécessité, pas par goût. Jusqu'au jour où tout a dérapé. En plein spectacle...

*
**

C'était encore en discothèque. En Allemagne. Le dernier contrat d'une fin de nuit éprouvante. Je ne me sentais pas bien. J'avais les jambes molles, l'esprit embrumé, envie de rentrer pour dormir. Je me suis habillée sans conviction. Ma tête tournait. Il faisait chaud. Mais je tenais coûte que coûte à honorer mon contrat. Je ne pouvais de toute façon pas me permettre de tout plaquer. Cela m'aurait tôt fait une sacrée publicité ! Là-dessus un mec est arrivé et m'a dit : « Prends ça, tu iras mieux ! » J'ai sniffé juste avant d'entrer sur scène ! Et je suis allée faire mon strip-tease. Tout bougeait autour de moi. C'était monstrueux. Je sentais mes yeux entrer et sortir de leur orbite. Dès que je faisais un pas, j'avais l'impression que le podium se décomposait. Il y avait des bêtes qui sortaient de partout ! J'étais complètement défoncée ! J'ai pris peur. Une peur panique ! J'ai sauté du podium en courant pour me réfugier auprès de Brad, complètement estomaqué par ma sortie de scène. L'organisateur du spectacle était hystérique et Brad m'engueulait :

– Tu es malade de tout plaquer comme ça, Fily ! T'assure pas !

Il s'est calmé lorsqu'il a vu que je pleurais toutes

les larmes de mon corps, que je suais à grosses gouttes et surtout que je n'allais pas bien.

– Viens, on rentre. Je te donnerai des calmants à la maison. On ne peut pas aller à l'hôpital, on est complètement shootés. Si les médecins voient ça, ils vont appeler les flics et nous irons en taule !

Brad m'a ramenée à la maison, m'a donné des calmants, et j'ai dormi pendant deux jours ! Au réveil, il n'a pas trouvé mieux que de me reprocher à nouveau de n'avoir pas assuré lors du show. Je ne l'écoutais même plus. J'avais envie de tout lâcher ! D'arrêter la drogue, les rythmes de fou, cette vie de couple merdique qui n'en était plus une depuis longtemps. C'était bien sûr impossible. Il me fallait encore une épreuve de ce genre à surmonter pour le décider vraiment. Je n'ai pas attendu très longtemps...

C'est bien beau de dire « j'arrête ». Seulement, quand tu as besoin de travailler pour payer ton loyer, entretenir neuf chiens et un train de vie infernal, te procurer de la drogue, et surtout quand ton fiancé laisse s'évaporer l'argent de la société je ne sais où, eh bien tu n'arrêtes pas !

Je me suis donc remise rapidement au travail, en essayant de cacher un peu d'argent. Comme un robot. Je ne discutais plus les contrats. J'allais où Brad m'envoyait.

C'est ainsi que, un jour, je me suis retrouvée

devant un peep-show d'Anvers. Un peep-show ? Késako ? Je ne le savais même pas avant d'y entrer ! C'est dire le degré de ma culture en matière de pornographie dans laquelle pourtant, selon certains articles, j'étais une professionnelle ! J'entre dans une grande pièce exclusivement réservée à la vente de cassettes vidéo pornos et autres gadgets associés. Kitsch à mort ! Comme les films du même genre avec leurs musiques stupides, leurs dialogues à peine bien doublés et leurs scénarios au suspense torride ! Je n'aimais pas les films pornos. Je ne comprenais pas ceux qui prétendaient les regarder pour s'inspirer de positions à essayer avec leur compagne ou leur femme. Je leur répondais toujours : « Moi, quand j'aime une personne, je n'ai pas de problèmes d'inspiration ! »

– Vous venez pour le peep-show ? C'est au premier, me lance le caissier.

Je grimpe à l'étage. J'y découvre une pièce centrale ronde avec, au milieu, un matelas qui tourne. La pièce est cernée de petites cabines vitrées avec vue imprenable sur le matelas. Pour le moment, le petit rideau qui cache la vitre de chaque cabine est encore fermé. Les clients ne sont pas encore arrivés. Je me prépare dans une loge. Mon contrat m'impose six passages dans la soirée. Si le lieu ne m'emballe pas, l'idée de danser dans un endroit hermétique, sans contact possible avec le client, me convient. Fily la lionne est en cage et en sécurité !

Je m'installe sur le matelas. Quelques rideaux s'ouvrent. Les clients ont mis une pièce. Je vois apparaître leurs têtes derrière les vitres. Ils sont pitoyables... Quel drôle d'effet de ne voir que ces têtes collées à la vitre me matant en train de m'effeuiller !

Ce qui m'a moins plu, c'est quand un des mateurs a commencé à se masturber. Il était dans sa cabine, mais je voyais tout. Il n'était pas là pour le spectacle mais pour se faire une bonne branlette devant moi. C'était dégradant. Ce côté pornographique me choquait. J'ai fait mes six passages, mais j'ai juré qu'on ne m'y reprendrait plus.

Cette expérience venait confirmer mon opinion sur les hommes : ils me regardaient en ne pensant qu'au sexe. L'art du strip-tease ? Ils s'en foutaient royalement. Vu ma poitrine et ma façon de danser, tous devaient penser que j'étais une bête de sexe, une chaude au lit, une salope. On se fait vite des idées, dans ce milieu. S'ils avaient eu conscience de l'abstinence que j'endurais avec Brad ! Mon mec m'avait transformée en iceberg ! Mais j'éprouvais toujours un peu de jalousie lorsque je le voyais danser avec certaines filles. Je me souviens de l'une d'entre elles, tout particulièrement. C'était une de mes amies, venue spécialement nous voir danser.

Il faut savoir que les danseurs, lorsqu'ils prennent une fille dans le public pour se frotter à elle et la caresser, choisissent toujours la plus laide. C'est une technique qui permet à toutes les filles au physique moins gracieux que d'autres de pouvoir s'imaginer à la place de la veinarde. Si un strip-teaseur choisit une bombe sexuelle, les moins belles ne s'identifieront pas à elle. L'ambiance ne sera pas la même. Mon amie, elle, était très jolie ! Brad, qui allait danser seul ce soir-là, décida pourtant de la choisir. Il l'avait prévenue, de manière à ne pas l'effrayer. J'en étais malade. Brad voulait-il me provoquer ? Il lui a donc fait le grand numéro sur scène. Bonjour l'engueulade après !

– Comment oses-tu tout mélanger ? C'est mon amie et tu lui colles ton sexe près du visage ! C'est gênant pour moi. Je suis ta compagne. Tu peux le comprendre ?

Brad rigolait. Je lui ai rendu la monnaie de sa pièce à la première occasion. Ce jour-là, on s'était encore pris le bec à la maison pour des histoires d'argent. Histoires qui devenaient chaque jour plus problématiques. Pour me vider la tête, j'avais bu. Je me droguais encore, mais moins. Nous sommes partis pour un contrat. J'étais très remontée contre Brad, et chaude bouillante comme de la braise. Cette fois, c'est moi qui allais lui donner une petite leçon. Une fois sur scène, j'ai pris un type au premier rang, j'ai fait mon spectacle pour lui et je l'ai embrassé sur la bouche !

Après le numéro, Brad était fou de rage. Il m'a traitée de tous les noms.

– Mêmes les putes n'embrassent pas leurs clients sur la bouche ! vociférait-il.

Nos relations changeaient, empiraient. Malgré mes récents déboires sur scène, je continuais à prendre de la drogue. Il était si facile d'en trouver ! Tous les copains qu'on recevait à la maison en consommaient. Pourquoi pas moi ? De toute façon, j'en étais dépendante. Parfois, sur le coup de 2 heures du matin, lorsque nous n'avions plus rien à nous mettre sous le nez, il nous arrivait d'aller racler les fonds de paille au cutter ou de prendre la route pour aller chercher notre dose. Je me droguais parce qu'il fallait tenir le rythme des répétitions en salle, s'occuper de la maison et des chiens, les emmener chez le vétérinaire, les balader trois par trois. Je me droguais également pour oublier que Brad s'absentait plus souvent pour passer ses nuits dehors. Il devenait mystérieux, violent et parfois me faisait peur. Résultat : j'ai encore failli y laisser ma peau.

C'était au petit matin. Après une nuit passée en boîte à boire et à sniffer, nous étions rentrés à la maison. Je préparais le café dans la cuisine lorsque, brutalement, je me suis mise à transpirer énormément. Tous mes mouvements me paraissaient décalés. J'ai filé sous la douche, pensant que ça irait mieux après. Ce fut pire ! J'allais mourir, je le sentais ! Brad ne comprenait jamais ces états et, surtout, ne les acceptait pas. Lui supportait bien la drogue. Il aurait voulu que je sois comme lui. Je me suis couchée pour ne me réveiller que trois jours plus tard !

Brad profitait de ma faiblesse pour me pousser à accepter des propositions contre nature. Comme avec cette femme, la cinquantaine très classe, habituée d'un bar que nous fréquentions. Je voyais bien qu'elle n'était pas insensible à mon charme. Elle m'offrait du champagne à volonté, me complimentait sans cesse, me caressait les cheveux, s'inquiétait de ne pas me voir plus souvent. Elle était prête à payer, et bien, pour passer la nuit avec moi.

– Vas-y, attaque, me disait Brad. Elle est folle de toi et elle a plein d'argent. Propose-lui un strip-tease chez elle. Prends-lui le maximum de fric !

– Non, Brad. Je ne le ferai pas. Ce n'est pas pour moi, ce genre de truc.

Brad ne voyait que l'argent. Je ne l'intéressais plus. Je ne devais certainement plus être assez « *trash* » pour lui, pas assez aventurière. Si bien qu'il s'était mis à fréquenter des filles plus conformes à son genre. Notamment une. C'était une strip-teaseuse vulgaire qui s'enfonçait des vibromasseurs sur scène. Brad avait beau dire qu'il la trouvait ignoble, froide, suicidaire, agressive et peu sensuelle, je voyais bien qu'il s'en rapprochait. C'était facile, elle était folle amoureuse de lui.

Ils sont sortis ensemble. J'en suis devenue folle de rage. Nous avons eu des mots très forts, très violents, haineux. Pour la première fois j'ai décidé de faire chambre à part. La drogue représentait mon unique source d'évasion. Plus pour longtemps.

Après une énième nuit en discothèque ponctuée, comme d'habitude, de quelques rails de coke sniffés avec un couple d'amis, nous sommes tous rentrés à la maison. Là, plutôt que de prendre congé de nos invités, nous nous sommes mis à fumer des joints. Et encore une fois, j'ai cru mon heure arrivée. Bien que consciente, je voyais défiler – devant mes yeux défoncés – à la fois mon passé, mon présent et mon avenir. Tout se mélangeait, s'embrouillait ! Les prunelles de Brad et de ses copains me semblaient fluorescentes. Je leur criais : « Vous allez tous mourir ! »

Ce mauvais trip a duré trois heures. On a bien essayé de me mettre sous la douche, rien n'y a fait. Je hurlais pour que l'on m'emmène à l'hôpital. Mais c'était trop risqué. Je pleurais. Les autres paniquaient. Je demandais à Brad de me prendre dans ses bras, de me câliner, de me rassurer. Il m'a envoyée balader !

– Non, Fily, je suis fatigué. J'ai envie d'aller dormir.

Brad me rejetait ! C'était pourtant la seule et dernière personne sur laquelle je pouvais compter. J'étais abandonnée.

Au réveil, ce fut une vision d'horreur. Devant le miroir de la salle de bains, je ne me reconnaissais plus. J'avais le visage creusé, complètement défait. J'avais encore maigri, je ne pesais plus que quarante-quatre kilos. Mon corps ne supportait plus les efforts exigés pour travailler. Je repensais aux gens que Brad invitait à la maison pour se gaver de pétards et autres saloperies bien plus dangereuses. J'étais devenue comme eux. Ce constat m'a paniquée, comme un signal d'alarme qui se déclenche alors qu'on ne s'y attend pas.

Quelques jours plus tard, un de mes copains, qui ne se droguait que très rarement, est mort d'une crise d'épilepsie après s'être shooté. J'ai décidé de tout arrêter. Je n'avais pas envie de crever.

*
**

Cette décision a sérieusement compliqué notre vie. Je ne travaillais plus comme avant. Les organisateurs de spectacles, informés de mes problèmes de dépendance et de mon état physique et psychologique lamentable, cherchaient toutes les excuses pour ne pas m'engager :

– Tu es trop bien pour ce contrat, trop belle, trop chère, trop maigre, trop inaccessible, trop connue, et tu ne t'amuses plus sur un podium.

On m'excluait de mon milieu, de ma vie. J'ai à nouveau consulté un psy. Pour la compassion, je pouvais repasser ! C'est tout juste s'il ne m'a pas dit que je n'avais que ce que je méritais, alors qu'il ne me connaissait pas. Il m'a tout de même prescrit des médicaments qui m'ont progressivement permis de me sevrer.

Brad, lui, continuait de se droguer à la maison avec les copains. Mais ma bonne conscience, mon petit ange protecteur avait repris le dessus. Je ne dis pas que lorsque je voyais des lignes de cocaïne sur la table je n'avais plus envie d'en prendre. Mais je tenais bon. Je me suis même mise à faire la morale à mes copains. Ce qui a eu pour conséquence de les faire fuir peu à peu de la maison... quand ce n'était pas moi qui sortais pour ne pas être tentée.

Brad s'absentait de plus en plus souvent pendant la nuit. Je ne savais jamais où. En tout cas, pas systématiquement pour me tromper. Il s'habillait en noir et partait sans un mot rejoindre un copain peu fréquentable. Il rentrait au petit matin, sans jamais éprouver le besoin de se justifier. On travaillait un peu moins, mais Brad avait toujours autant d'argent en poche pour se payer de la cocaïne. Un soir que les chiens paraissaient excités, je suis descendue dans le garage. Je n'y allais jamais en temps normal, mais j'avais remarqué que la lumière y était souvent allumée. Comme si on avait installé là un banc solaire. J'ai alors découvert une véritable plantation de cannabis ! Brad en faisait pousser partout, sous des néons. On se serait cru dans un film ! Et que dire des nuits où, réveillée par son retour, je le découvrais dans le salon avec son copain en train de manipuler des armes !

À la moindre réflexion, dès que je demandais quelques explications, Brad m'insultait.

– Lâche-moi. Tu m'emmerdes, Fily. Fais pas chier !

Il ajoutait parfois le geste à la parole en appuyant un pistolet contre ma tempe.

– J'en ai ras le bol de t'entendre pleurnicher sans arrêt. Tu râles tout le temps. Tu veux te suicider si je pars ? Vas-y, fais-le ! Tu n'es rien sans moi. Tu me dois tout ce que tu as.

Il me le répétait tout le temps. J'avais peur. Était-il capable de me tirer dessus avec son arme ? Je n'étais plus sûre de rien. Avec un drogué au tempérament excessif comme celui de Brad, il fallait se méfier de tout. J'avais surtout très peur de voir débarquer la police et d'aller en prison.

J'aurais dû partir, penserez-vous. Pour aller où ? Retourner chez mes parents aurait signifié que j'avais raté ma vie, échoué sur toute la ligne. Je ne voulais pas offrir cette image à maman et à mon beau-père qui me prenaient de toute façon, désormais, pour une fille de petite vertu. Je ne souhaitais pas leur donner une arme pour me critiquer davantage, m'enfoncer dans mon mal-être. J'étais trop orgueilleuse, trop fière pour ça. Je n'aurais pas supporté leur regard. D'un autre côté, j'étais incapable de travailler à nouveau seule et donc de subvenir à mes besoins. Je n'avais même pas accès à mes comptes bancaires. Alors je me suis gavée d'antidépresseurs et je suis restée à la maison auprès de mon bichon, Kenzo, en espérant que la situation s'arrangerait. Si j'avais su...

VIII

Le piège

– Allô Fily ? Bonjour, c'est Michel, le pilote. Tu te souviens de moi ? Ça doit faire deux ans que l'on ne s'est pas vus. Je dispute une course automobile, ce week-end, à Spa-Francorchamps. L'équipe part jeudi pour les essais. Je t'invite. Viens, il va faire un temps radieux. Nous allons passer quatre jours sympas. Ça te changera les idées.

Michel était un ex. Je l'avais rencontré à Bruxelles alors que j'étais encore toute jeune. L'idée de le revoir ne me faisait pas sauter au plafond car les pilotes sont un peu tous les mêmes : quand ils invitent une jolie fille à leur tenir compagnie sur un circuit, ce n'est en général pas dans le seul but de leur montrer leurs talents de pilotes ! Surtout quand on n'a pas vu la fille en question depuis deux ans.

Nous étions au printemps 1996. Ça n'allait plus du tout avec Brad. Notre vie privée était devenue sans saveur. Brad dormait dans la chambre d'amis et je m'ennuyais avec lui à la maison. J'ai vu dans ce week-end l'occasion rêvée de m'aérer l'esprit. Et si Michel avait des vues sur moi, je les lui ferais passer rapidement ! Je n'allais pas là-bas pour jouer à la call-girl. J'ai informé Brad de l'invitation. Il n'était pas vraiment enchanté. Un peu jaloux même. Peu importe, j'avais décidé d'y aller. Ça me rappellerait de bons souvenirs, car j'avais déjà fréquenté les circuits automobiles par le passé.

*
**

– Viens Fily, je vais te présenter à l'équipe.

Michel me conduit à travers les paddocks installés tout le long de la piste. Il règne une agitation digne d'une ruche en pleine activité. Au détour d'une tente ou d'un stand, j'aperçois Christophe Dechavanne, l'animateur télé, engagé lui aussi dans la compétition, ainsi que d'autres pilotes dont les visages ne me sont pas tous inconnus malgré mon inculture notoire dans le domaine. Je suis contente d'être ici. Nous rejoignons alors une grande caravane devant laquelle un petit groupe s'affaire sans excitation excessive. Les essais n'ont pas encore commencé, l'heure est à la détente et à la préparation du matériel.

– Fily, je te présente Didier, un des pilotes du *team*, et Daniel, mon autre coéquipier.

Michel poursuit les présentations. Il y a là la

petite amie de Didier, quatre ou cinq copains de Daniel assez baraqués et proches de lui pour pouvoir également être ses gardes du corps. Michel me présente également la mère de Daniel, aux petits soins pour son fils. Je me suis bien posé la question de savoir pourquoi ce Daniel bénéficiait d'un entourage aussi protecteur, mais je ne savais pas qui il était. Michel ne m'avait pas donné son nom et quand bien même, celui de Ducruet n'évoquait rien pour moi. Ça peut paraître incroyable mais c'est ainsi : je n'ai jamais été une grande lectrice de la presse people et, vu la vie que je menais, je n'avais guère le loisir de regarder la télévision.

Michel m'accroche un badge à la boutonnière pour que je puisse avoir accès aux stands.

– Viens, je vais te faire visiter.

L'idée de faire à nouveau partie d'une petite troupe me comblait de plaisir. Je retrouvais l'ambiance potache de mes débuts, quand je défilais en sous-vêtements. Je me sentais bien. J'ai passé la matinée à me balader dans les stands, toujours escortée de mon chevalier servant qui ne manquait aucune occasion de laisser croire que j'étais sa petite amie. Les premiers essais qualificatifs n'étaient pas programmés avant la fin de la journée. Je discutais avec tous les membres de l'équipe.

À plusieurs reprises depuis mon arrivée, j'avais accroché les regards discrets de Daniel, visiblement sensible à ma présence. C'était un chouette mec, drôle, charmant et physiquement assez attirant. Le courant passait à merveille entre nous. Il me faisait rire, sourire, rougir parfois. Dès les premiers instants, nous nous étions lancés dans un jeu de charme agréable, doux, gentil. Il ne pouvait d'ailleurs en être autrement : Daniel était en permanence surveillé par sa mère ou ses copains.

Michel, qui avait vu ce feeling s'installer entre nous, tirait une tête de six pieds de long ! Il devinait bien que je n'étais pas venue pour sa belle gueule. Et surtout que je ne tomberais pas toute crue dans son lit, comme ces groupies taille mannequin en mal de conquêtes viriles et valorisantes qui chassaient le pilote dans les stands.

Soudain, un speaker annonce le début imminent des séances d'essais. Daniel s'approche de moi :

– Fily, tu viens avec moi à la caravane ? Je dois me changer. Nous pourrons continuer à discuter.

Comment résister à cette invitation de la part d'un homme à qui manifestement je plais et qui me plaît aussi beaucoup ? Nous entrons dans sa caravane. Sa mère et ses copains sont occupés ailleurs. Nous sommes seuls. Daniel m'invite à m'asseoir, retire son tee-shirt, fait un peu jouer ses muscles, et me lance le tee-shirt au visage d'un geste enfantin et très joueur. Deux vrais gamins en train de se draguer timidement, à rire de tout et de n'importe quoi. Daniel enfile sa combinaison de pilote et sort de la caravane en prenant bien soin de me passer la main dans le dos. Il se glisse dans sa voiture de course et s'engage sur le circuit. Il en ressort quelques minutes plus tard, assez content de sa performance :

– Tu as vu, Fily ? Elle est bien, ma voiture, non ?

Je lui réponds, tout excitée :

– Tu vas massacrer le chrono !

Derrière moi, sa mère et ses copains tiquaient un peu devant notre complicité. Il suffisait que Daniel me parle un peu trop longtemps pour que sa mère le rappelle à l'ordre :

– Daniel, viens ici, j'ai besoin de toi !

Et il y allait. Leur relation me semblait étrange. La mère de Daniel lui parlait souvent à voix basse, lui chuchotait à l'oreille tout ce qu'elle avait d'important à lui dire. Je sentais que notre entente devenait progressivement gênante, sans en comprendre la raison. Encore une fois je ne connaissais rien à la vie privée de ce Daniel. Et son nom ne me disait rien. Je me contentais de son amitié, de son charme, de ses gentillesses. Je passais un bon moment et c'était déjà énorme à cette époque où rien n'allait à la maison ni dans le travail. J'avais à la fois l'impression fugace que Daniel pouvait très bien correspondre à l'idée que je me faisais de l'« homme de ma vie », tout en étant bloquée par l'étrange intuition qu'il ne fallait surtout pas aller plus loin dans cette relation. Pour en avoir le cœur net, j'ai profité d'un de ses moments de liberté non surveillée pour en savoir plus :

– Tu habites où ?

– À Monaco, tu connais ?

– Oui ! C'est un bel endroit.

Daniel avait l'air ahuri devant mes questions et mes réactions. Pour ma part, je me disais que s'il habitait Monaco, ce devait être un homme important. Ce qui expliquait l'omniprésence de son entourage. Je le sentais assez décontenancé par ma naïveté et par mon ignorance. Aujourd'hui je peux le comprendre. Il pensait sûrement que je me moquais de lui, que je faisais semblant de ne pas le remettre. C'est alors qu'il m'a lancé, avec un naturel désarmant :

– Je m'appelle Daniel Ducruet. Je suis marié à la princesse Stéphanie de Monaco. Je vis au palais princier de Monaco.

– Stéphanie ? Celle qui chante *Comme un ouragan* ? Mon frère est un fan inconditionnel. Il écoute sa chanson en boucle !

Ma réponse l'a complètement déstabilisé. J'étais une extraterrestre !

Je n'en avais rien à faire qu'il soit marié, et encore moins à une princesse. À la réflexion, je me disais bien l'avoir peut-être vu dans un magazine. Mais il ne m'avait pas assez marquée pour que je le reconnaisse. Je me rendais compte également que je passais pour une idiote en ignorant ce que des millions de personnes savaient depuis longtemps. Et alors ? Je n'étais pas venue à Spa pour conquérir le beau Ducruet. Je ne savais même pas que j'allais le rencontrer ! Je me sentais juste bien en sa compagnie. Il avait beau être marié à une princesse, cela ne changeait strictement rien à notre complicité. Je le considérais comme un homme normal, anonyme, et séduisant. Ça, il l'avait bien compris.

Quelques minutes plus tard, Daniel m'entraîne sous une tente, me prend dans ses bras et m'embrasse. Fougueusement. Amoureusement. Il aimait mon côté naturel, il me l'a dit.

– Je rencontre rarement des filles qui ne savent pas qui je suis. Tu es trop mignonne. Tu débarques vraiment d'une autre planète.

C'est après ce baiser fougueux, signe annonciateur d'une histoire compliquée, que j'ai vraiment voulu avoir le cœur net quant à son identité.

– Allô, Isabelle ? Je suis sur le circuit de Spa. J'ai rencontré un homme fantastique. Il est pilote et il est marié. Daniel Ducruet, ça te dit quelque chose ?

– Quoi ? Daniel Ducruet ? Mais tu es malade ? Tout le monde le connaît ! C'est le mari de Stéphanie de Monaco ! À quoi il ressemble ?

– C'est un mec très mignon, charmant. Tu veux que je te le passe ? Il est à côté de moi.

Daniel s'empare du téléphone, dit bonjour à Isabelle, discute quelques secondes avec elle et me la repasse.

– Fily, tu es folle ! Ne fricote pas avec lui. Tu n'as pas conscience de ce qu'il représente. Il passe sa vie avec des photographes planqués derrière lui.

Isabelle, dont la mère est une fan inconditionnelle de la famille Rainier et des magazines people qui racontent sa vie, m'explique de long en large, et dans les détails, la situation de Ducruet.

– Ne t'inquiète pas, Isa, c'est juste un petit flirt. Il ne va pas quitter sa princesse pour moi. Laisse-moi juste profiter du moment présent. Pour une fois que j'arrive à oublier Brad au milieu de gens sympas. J'en ai besoin. Je te tiendrai au courant.

Cette première journée se termine à l'hôtel. Toute l'équipe loge dans le même établissement. On se retrouve donc tous ensemble le soir au dîner. Daniel est assis à côté de moi. Nous sommes toujours comme deux gosses, à nous faire du pied sous la table, à nous lancer des regards en coin, provoquant rires et sourires complices. Michel, mon chevalier servant, boude en espérant sans doute que la situation s'arrangera pour lui à l'heure de rejoindre nos chambres. Il n'a réservé qu'une chambre pour nous deux !

– Michel, c'est quoi, ce lit ? Il n'y en a pas un autre pour moi ? Je ne veux pas coucher avec toi.

C'est à ce moment que le téléphone sonne.

– Fily ? C'est Daniel. Tu viens me dire bonsoir dans ma chambre, prendre un dernier verre ?

– Non, ce n'est pas raisonnable...

– Allez, je ne vais pas te sauter dessus !

– OK, j'arrive. Mais juste pour te faire un bisou avant de dormir. Je n'entrerai pas.

Je frappe à la porte de sa suite. Daniel m'ouvre.

Il est en caleçon ! Cette tenue me refroidit un peu. Je sais pertinemment ce qui arrivera si j'entre.

– Viens boire un dernier verre !

– Non, je suis fatiguée. Je dois aller me coucher. Michel attend.

On s'est embrassés et je suis retournée me coucher. Michel dormait déjà, il avait fait une croix sur moi.

Le lendemain, au petit déjeuner, l'ambiance était plus tendue. La mère de Daniel n'arrêtait pas de lui parler à l'oreille. Je sentais que je n'étais pas étrangère à la conversation. Daniel semblait embarrassé. Nous avons passé la journée à rester discrets. On se souriait toujours autant, mais en prenant bien soin de ne pas attirer l'attention.

En début d'après-midi, Daniel vient me voir :

– Stéphanie arrive en fin de journée. Ce n'était pas prévu. La situation risque d'être embarrassante pour nous deux, et surtout pour toi. Tu devrais peut-être penser à rentrer chez toi.

– OK. Je vais demander à Michel de me ramener à l'hôtel. Je me débrouillerai pour prendre un train.

Seulement Michel n'était pas chaud pour me rendre ce service. Il ne me parlait plus et avait passé la matinée à m'ignorer ou à me lancer des réflexions désagréables. Il ne voulait pas me raccompagner. Daniel s'est proposé de le faire. Il avait un chauffeur.

Nous sommes montés à l'arrière de sa voiture. Sur la route, on s'est arrêtés quelques minutes près d'un petit bois. Nous nous sommes embrassés, caressés. Si je n'avais pas vu le chauffeur orienter son rétroviseur pour nous mater discrètement, je crois que nous serions allés plus loin. Mais sa présence me bloquait. Nous avons mis fin à ce moment de tendresse. De folie ? Daniel m'a raccompagnée jusqu'à l'hôtel et nous avons échangé nos numéros de téléphone. Je n'avais pas grand espoir qu'il m'appelle et encore moins celui de le revoir.

*
**

Brad fut surpris de me voir arriver deux jours plus tôt que prévu. J'ai dû lui inventer une histoire de mauvaise ambiance pour justifier mon retour précipité. En revanche, je me suis bien gardée de lui dire que j'avais rencontré Daniel, même si je pensais ne jamais le revoir. Pas question de mettre de l'huile sur le feu dans notre vie de couple ! J'ai donc passé le week-end à me morfondre à la maison jusqu'à ce que Daniel appelle. Deux fois ! Il était à Spa avec Stéphanie, pensait à moi et me disait de ne pas l'appeler sur son portable pour le moment : c'est lui qui reprendrait contact avec moi.

Il l'a fait. Et l'on ne peut pas dire qu'on ait donné dans la demi-mesure ! On se parlait tout le temps, de jour comme de nuit. On se racontait nos vies. Il me parlait de ses enfants qu'il appelait ses crapauds, de sa vie au palais, moins mirifique que ce que les journaux en racontaient, de son mariage, de Stéphanie. Il ne se sentait pas très à l'aise dans sa peau de mari de princesse. Il n'était pas issu de ce milieu, on le lui faisait souvent sentir. Le prince Rainier ne portait peut-être pas dans son cœur ce poissonnier devenu son gendre. Quoi qu'il en soit, sa vie d'homme public étouffait Daniel. Il n'avait rien le droit de faire ou de dire sans l'accord de la Principauté. Il aspirait à plus de simplicité. Lui aussi avait besoin de parler. De mon côté, je lui évoquais ma situation de couple, je lui décrivais mon travail, Brad, mes amies. Jamais nous n'avons envisagé la possibilité de tout quitter pour vivre ensemble. Nous avions juste envie de nous revoir. On se réconfortait mutuellement. Il y avait de l'affection entre nous. Une certaine forme d'amour aussi, bridée par nos vies respectives.

Brad me voyait pendue à mon téléphone, heureuse, excitée, rêveuse, joyeuse. Il se posait des questions. Il me les posait aussi ! Sans recevoir de réponses précises. Brad ne comprenait pas ce qui m'arrivait. Enfin, c'est ce que je croyais...

Nos conversations téléphoniques ont duré un mois entier, jusqu'à l'arrivée de l'été. Daniel m'appelait parfois une minute, trente secondes. Il était devant le Palais ou revenait de l'école avec ses enfants. Il me donnait régulièrement son programme de soirées ou de dîners de gala pour que je ne téléphone pas au mauvais moment. Sa simplicité me plaisait vraiment. Mais il était hors de question de vivre avec lui une histoire de cul, rapide et sans lendemain. Je préférais encore son amitié.

Pendant ce mois romantique, j'ai simplement eu la naïveté de croire qu'il n'était pas très heureux et qu'un jour, peut-être, naîtrait une belle histoire entre nous. Au cours de ma jeune vie, j'avais rencontré bien des hommes qui avaient tout abandonné par amour pour des filles simples et naturelles, voire marginales comme je pouvais l'être de par ma profession. J'y croyais un peu. Je pensais secrètement que ce conte de fées pouvait m'arriver avec Daniel. Je redevenais une jeune fille idéaliste, et surtout peu consciente des enjeux et des contraintes que représentait la vie monégasque du mari de la princesse. J'étais encore très attachée à Brad, mais je tombais amoureuse de Daniel. Ce n'était pas un amour fou, juste une sensation de bien-être, de compréhension mutuelle, d'atomes crochus. Il était mon confident. Il m'a donné la liste de ses courses automobiles. Nous avons même prévu de nous retrouver au Canada, à Toronto, où il devait se rendre après l'été.

De son côté, Brad m'épiait, me surprenait cachée dans le jardin, pendue au téléphone. Étrangement, il ne me faisait pas de scènes, malgré tous les doutes qu'il aurait logiquement dû avoir.

Puis, un beau matin de juillet 1996, Brad me dit :

– Écoute, on ne peut plus vivre comme ça. Nous sommes tombés trop bas. On ne se parle plus et quand on le fait c'est pour se bouffer ! Je pense que nous avons besoin de prendre un peu de recul. De nous séparer quelque temps pour réfléchir. Tu devrais prendre des vacances. Je te rejoindrai quand j'aurai fini de travailler.

Deux jours plus tard, il avait loué une superbe villa dans le sud de la France.

– Va passer un mois là-bas. J'ai tout organisé. Tu aimes cette région. Ne pars pas seule. Emmène ton amie Isabelle. La villa est grande. Repose-toi. Ça va te faire du bien. Je vous laisse une quinzaine de jours toutes les deux et je vous rejoins.

J'ai cru que Brad ouvrait enfin les yeux sur le désastre de notre amour, prêt à s'amender et à changer. Mais je pensais surtout à Daniel.

– Allô, Isabelle ? Brad m'a loué une villa dans le sud de la France. C'est génial, je vais pouvoir revoir Daniel plus tôt que prévu ! Tu veux venir avec moi ? Il ne veut pas que je parte seule.

Après avoir mis deux secondes et demie pour la convaincre, j'ai appelé Daniel pour l'informer de ce changement de programme providentiel.

*
**

L'arrivée à Villefranche est idyllique : soleil, ciel bleu azur, pas un nuage, une chaleur qui détend et, surtout, une villa de rêve, nichée dans l'arrière-pays, avec piscine et grand parc. Un jeune homme fait le pied de grue sur le pas de la porte. Il se présente comme étant l'agent immobilier chargé de nous faire visiter les lieux et de nous remettre les clés. Ce qu'il fait. J'ai tellement la tête ailleurs que je ne remarque pas son manque de professionnalisme. L'agent immobilier nous présente également le couple de gardiens de la propriété. Ils sont belges. Le courant passe immédiatement.

Il n'y a pas deux heures que nous avons pris possession des lieux qu'une voiture de sport s'annonce devant le portail : c'est Daniel ! Il est accompagné d'un copain. Les retrouvailles s'opèrent comme dans un rêve. On saute dans les bras l'un de l'autre, on s'embrasse. Une vraie tornade sentimentale s'abat sur nous. Daniel présente son ami à Isabelle avant de me rejoindre au bord de la piscine pour un moment de tendresse et d'amour que le monde entier connaît désormais puisque c'est ce moment que le paparazzi a choisi d'immortaliser. Au moins l'a-t-il bien choisi ! J'étais si heureuse de retrouver Daniel... C'était génial.

Pendant quinze jours, Daniel est venu me voir dès qu'il le pouvait. Tous les deux jours généralement. Il restait deux, trois heures. Nous faisions l'amour avec passion. Daniel essayait de ruser avec son agenda pour venir le plus souvent possible. Pas question de mariage, de divorce ou de je ne sais quoi. On mordait à pleines dents dans le moment présent. Cela suffisait à notre bonheur. J'ai également fait la connaissance de son frère, qui l'a accompagné une fois ou deux.

Après une grosse dizaine jours d'idylle, Brad s'est annoncé. Là, il a fallu la jouer plus fine pour continuer à voir Daniel. Je profitais des moments où Brad allait faire du sport ou les courses pour lui donner rendez-vous. Je prétextais une balade dans la campagne avec Kenzo pour le rejoindre. On a fait l'amour dans la voiture. C'était moins romantique et plus rapide, mais bon ! J'avais peur que Brad ne revienne à l'improviste et me demande des comptes sur mes absences. Il est vrai que pour balader Kenzo je n'avais pas besoin de sortir de la propriété. Le parc était bien assez grand pour ça. Et une heure de promenade, c'était tout de même un peu exagéré. Mais Brad ne disait rien. Daniel et moi nous sommes revus deux fois dans ces conditions, avant de reprendre nos conversations téléphoniques.

*
**

Voici maintenant quinze jours que je suis dans la villa lorsque le téléphone sonne. C'est encore Daniel. Mais cette fois, je sens dans sa voix une étrange panique :

– Je viens de recevoir un coup de téléphone anonyme. On m'a dit « Dédé, tu es mort », avant de raccrocher. Tu es au courant de quelque chose ? Tu as parlé à quelqu'un de notre relation ?

– Non. Il n'y a qu'Isabelle à être au courant de notre histoire et j'ai confiance en elle. C'est mon amie. Ce doit être une mauvaise blague.

– Je l'espère. Attendons. Je te rappelle.

Je ne comprenais pas ce qui se passait mais j'avais le pressentiment que la situation était grave. Et pas seulement pour Daniel, qui d'ailleurs me semblait soupçonneux. Son ton n'était guère aimable.

Je n'ai pas eu à attendre très longtemps. Daniel m'a rappelée un peu plus tard dans la journée, très remonté cette fois.

– Nous sommes dans la merde ! Il paraît qu'un paparazzi nous a pris en photo en train de faire l'amour au bord de la piscine ! Il a aussi des photos de notre rencontre à Spa ! Si elles sortent dans les journaux, je suis mort ! Ce sera un énorme scandale.

– Qu'est-ce que je peux faire pour toi ?

– Si on te pose des questions là-dessus, dis que ce n'est pas vrai. Il faut absolument que l'on se voie pour organiser une riposte.

– Mais il y a Brad à la maison ! Il n'est au courant de rien. Si je lui dis, il va me faire un scandale.

– Je m'en fous. Débrouille-toi. L'heure est grave !

Daniel me faisait peur. Je ne croyais pas un seul instant qu'un photographe ait pu nous repérer et nous surprendre. Personne ne connaissait ma présence ici, excepté Brad et Isabelle. J'avais confiance en eux. Isabelle était l'une de mes rares amies et je considérais encore Brad comme l'homme de ma vie. Du coup, j'ai décidé de tout lui avouer.

– Brad, il faut que je te parle. Voilà, j'ai eu une aventure avec Daniel Ducruet ! Il est venu à la villa, on a fait l'amour et il paraît qu'un photographe nous a piégés.

Brad s'est mis dans une rage folle.

– Fily, tu es une conne ! Tu ne peux pas te tenir ! Tu fous toujours tout en l'air !

Puis Daniel est arrivé. Brad était parti calmer sa rage ailleurs. Après avoir repris nos esprits et notre calme, nous nous sommes demandé qui avait bien pu vendre la mèche. Chacun de nous était sûr des personnes qui l'entouraient. Mais Daniel devenait agressif comme une bête que l'on traque et qui n'a plus d'autre arme que la violence pour se défendre. Il s'entêtait à accuser Brad.

– C'est ton mec, j'en suis sûr. Ce ne peut être que lui.

– Mais non, Daniel ! Brad ne pourrait pas me faire ça ! Je le connais bien. Je le crois incapable d'une telle horreur !

La situation devenait tendue. Daniel commençait à m'en vouloir, à me faire porter le chapeau. Brad, pour sa part, a décidé de rentrer précipitamment à

Anvers. Nos vacances étaient terminées. Quinze jours avant la date prévue.

Daniel m'appelait sans arrêt. Il parlait de catastrophe pour ses enfants, sa famille, sa vie, sa réputation.

Puis, fin août, c'est un homme désespéré que j'ai eu au bout du fil. J'entendais Daniel feuilleter les pages d'un magazine et pleurer :

– Voilà, tu dois être fière de toi ! Les photos ont été publiées dans un magazine italien. Sur plus de vingt pages ! Nous sommes en couverture, à poil, moi en train de t'embrasser les seins et les fesses. Ma vie est foutue. Je vais perdre mes enfants. Va dans une librairie internationale, tu verras !

J'ai vu ! L'horreur. Les journalistes people étaient comme des fous. On ne parlait que de ça. Partout, à la télé, à la radio, dans la presse. Heureusement, en France, les magazines n'avaient pas eu le temps de publier les photos scandaleuses. Daniel les avait mis en demeure de ne pas le faire, sous peine de procès retentissants pour atteinte à la vie privée.

J'ai rappelé Daniel. J'étais maintenant dans le même état que lui, paniquée.

– Que dois-je faire ?

– Convoque les journalistes pour une conférence de presse. Dis-leur que tu m'as piégé, que je suis une victime. Il faut que tu sauves mon couple, mes enfants.

– Tu es malade, je ne vais pas m'accuser alors que je n'ai rien fait ! Je ne vais quand même pas me faire taper dessus pour sauver ta peau ! Il faut s'en sortir tous les deux.

Pris dans un étau qui se resserrait inexorablement, Daniel s'est alors mis à raconter que les photos publiées avaient été prises bien avant son mariage avec une ex-petite amie. C'était mal connaître le professionnalisme des journalistes d'investigation. Ces derniers n'ont eu qu'à réaliser quelques agrandissements et autres gros plans pour faire ressortir son alliance et une Rolex offerte par Stéphanie de Monaco lors de leurs fiançailles. Daniel était pris au piège ! Moi aussi ! C'est à cette époque que j'ai acheté ma petite Gucci, un autre bichon, pour tenir compagnie à Kenzo. J'avais besoin de me changer les idées, de m'entourer encore plus.

Les magazines pouvaient désormais s'en donner à cœur joie. Ils ne s'en sont pas privés...

Daniel, lui, continuait de me harceler au téléphone, chaque jour un peu plus persuadé que j'étais au centre de cette machination :

– Si ce n'est pas toi, c'est Brad ! Ou vous deux !

– Ne raconte pas n'importe quoi ! Nous étions tous les deux dans l'histoire. Je ne t'ai pas violé, ni ramené de force à la villa, quand même ! Brad n'était même pas au courant que je te connaissais.

– Tu as été payée combien pour me piéger ? Je t'offre le double pour me le dire.

– Mais je ne t'ai pas piégé ! Je n'ai rien touché !

À chaque appel, Daniel échafaudait des théories toutes aussi fantaisistes les unes que les autres. Une fois c'était carrément le Palais qui avait dû me contacter directement pour manigancer l'affaire. C'était me faire trop d'honneur ! Daniel me disait que tout le monde n'avait pas apprécié son mariage, en haut lieu. Qu'on avait toutes les raisons de vouloir son départ. Une autre fois, Daniel supposait l'intervention d'une mafia quelconque. Comme si la mafia avait besoin de moi pour le piéger !

Véritable bête traquée, Daniel doutait de tout, de tout le monde. J'essayais de le calmer, de le rassurer. Mais plus l'affaire prenait de l'importance, plus il m'en voulait. Il avait mis tout le monde dans le même panier : tous coupables ! Brad, Isabelle, Michel, son coéquipier pilote, le photographe et moi-même n'avions qu'à bien nous tenir ! Puis il a fini par refuser de me prendre au téléphone. Son frère était chargé de filtrer les communications.

– Explique à Daniel que je n'y suis pour rien. J'ai besoin de lui parler pour trouver une solution, suppliai-je.

– Daniel ne veut plus te parler pour le moment. Nous avons mis nos avocats sur l'affaire. Si on a besoin de toi, on t'appellera.

J'étais abandonnée, accusée à tort, harcelée de quolibets. Les journalistes se déchaînaient contre moi et avaient pris parti pour la théorie du piège ! J'étais devenue la coupable idéale.

Chaque jour ma boîte aux lettres était remplie de photos découpées dans la presse sur lesquelles rivalisaient les insultes : salope, pute, prostituée, et j'en passe. Mon fax débitait autant d'ignominies que de demandes d'interviews. On me proposait des sommes mirobolantes pour m'expliquer. Je refusais tout. Que leur raconter ? S'il y avait réellement eu piège, je n'étais pas au courant. Quant à la vérité sur notre rencontre, je savais qu'elle était désormais inavouable, et que personne n'aurait cru à notre bluette. J'avais peur d'éventuelles représailles. Je ne sortais plus de chez moi. Je savais qu'Isabelle ne m'avait pas trahie.

Brad, lui, avait une attitude étrange. Dès que je lui parlais de l'affaire, il refusait violemment tout dialogue.

– Tout ce qui arrive est de ta faute. Tu n'avais qu'à pas me tromper ! D'accord, on ne couchait plus ensemble, mais il fallait faire attention. Fous-moi la paix avec cette histoire.

Jusqu'alors, j'avais refusé d'imaginer que l'homme que j'avais souhaité pour mari ait pu me tendre un tel piège. Mais ses réactions m'intriguaient. Ainsi, il devenait bien plus doux lorsqu'il prenait connaissance des sommes d'argent très élevées que les journaux et les télés étaient prêts à m'offrir pour que je parle. J'étais surtout choquée que Brad refuse de payer un avocat pour me défendre, alors que l'on me traînait partout dans la boue.

– Tu ne te serviras pas de l'argent commun pour te défendre. Nous allons tout y laisser ! Ça va nous coûter une fortune, tes conneries.

Je devais me débrouiller seule et me laisser faire !

L'insistance qu'avait manifestée Daniel pour accuser Brad commençait à me perturber. Et si c'était réellement lui qui avait tout organisé ? Je le savais cupide et je connaissais les aspects retors et dangereux de sa personnalité. Seulement, je n'arrivais pas à croire qu'il ait eu les épaules assez larges pour mettre sur pied un plan aussi machiavélique.

Un mois a passé. L'affaire a pris des proportions énormes. Daniel a été acculé au divorce par le prince Rainier qui ne voulait plus entendre parler de ce gendre indigne sur le Rocher. Pour ma part, dès que je sortais dans la rue, c'était pour me faire insulter. Mes parents ne voulaient plus me parler. Il m'était impossible de travailler. Les patrons de boîte qui ne m'avaient pas encore lâchée m'appelaient :

– Des photographes ou des journalistes proposent mille francs pour avoir ton adresse ou ton numéro de téléphone. Ne viens pas au club, tu es traquée.

Brad, lui, ne voyait que l'intérêt financier de

l'histoire. Je restais cloîtrée à la maison avec mes deux chiens. Jusqu'au jour où les services de renseignement belges m'ont contactée.

Voilà que les services secrets se greffaient à l'affaire ! Daniel avait porté plainte pour atteinte à la vie privée d'autrui et association de malfaiteurs. La police voulait recueillir quelques renseignements, avant le procès qui allait se dérouler à Nice. J'y étais convoquée pour une confrontation avec l'ensemble des protagonistes de l'affaire. J'étais paniquée à l'idée de me retrouver face à Daniel. Heureusement, j'avais trouvé un avocat. Je suis donc descendue à Nice.

*
**

À mon arrivée au palais de justice, qu'elle ne fut pas ma surprise de découvrir l'identité du photographe à qui je devais cet acharnement médiatique : c'était le fameux faux agent immobilier qui nous avait accueillies, Isabelle et moi, à la villa, deux mois auparavant ! Impossible de me tromper !

Le juge et nos trois avocats respectifs nous ont entendus séparément avant de nous placer en confrontation directe. Brad brillait par son absence. Je savais qu'il avait fait sa déposition devant le juge quelques heures plus tôt. La version du paparazzi n'a pas vraiment éclairé les faits. Il avouait avoir été prévenu par un coup de téléphone que j'étais à

Spa et que Daniel y vivait une histoire extraconjugale avec une strip-teaseuse belge qui ne pouvait être que moi. Par déontologie journalistique, il refusait de citer le nom de son correspondant. Les journalistes sont tenus par le secret professionnel et n'ont pas à révéler leurs sources à la justice, affirma-t-il au juge. Et puis c'était son boulot, de dénicher des informations comme celles-ci.

J'ai ensuite expliqué ma version des faits, sans mentir, avant que Daniel ne fasse de même, à sa manière.

À la sortie de cette confrontation éprouvante, mon avocat m'a prise à part. Il semblait très étonné de mon entêtement à nier la version du piège :

– Dites-moi, Fily, vous n'avez pas lu la déposition de Brad ?

– Non. J'avais le droit de le faire ?

– Bien sûr ! Tenez, la voilà.

– Et qu'a-t-il raconté au juge ?

– Je vous laisse le soin de le lire.

Là, le monde s'est écroulé autour de moi ! Je découvrais enfin la vérité.

L'invitation de Michel, pilote, et qui plus est un ex, avait rendu Brad extrêmement jaloux. Brad m'avait donc suivi discrètement à Spa-Francorchamps pour me surveiller. Il m'avait vu flirter avec Ducruet. Sa jalousie n'avait fait qu'empirer. Il avait alors décidé de se venger en contactant un paparazzi, Stéphane, qui suivait Ducruet un peu partout. Brad voulait me donner une leçon. Le photographe, flairant le scoop de l'année, avait sauté sur l'occasion. Brad, n'y connaissant pas grand-chose en matière de chasse à l'homme, avait laissé Stéphane s'occuper de tout. Il n'avait qu'à l'informer jour après jour des éventuelles possibilités de faire le coup. Si bien que mon cher compagnon s'était procuré sur Internet du matériel d'espionnage bon marché pour piéger mes lignes téléphoniques. Toutes nos conversations avec Daniel avaient été épiées et enregistrées !

Une fois le poisson Ducruet bien ferré par la bonne poire Fily, Stéphane et Brad ont mis sur pied le traquenard : location de villa et prétexte pour m'y envoyer avec Isabelle. Je n'ai jamais su combien ils avaient pu retirer de la vente de ces photos.

Le verdict est tombé très vite : six mois de prison avec sursis pour Brad, qui avouait avoir tout organisé. J'ai écopé de la même sanction alors que tout dans les dépositions laissait entendre que, comme Daniel, je n'étais qu'une victime ! J'ai été amnistiée depuis, mais sur le coup la peine infligée m'a abattue. J'étais punie d'être tombée amoureuse d'un homme marié. Je ne l'avais ni drogué, ni violé, ni forcé, ni piégé, comme j'avais pu le lire partout, mais j'étais coupable ! Et Daniel continuait de le penser ! De toute façon, il n'avait d'autre choix que de soutenir cette théorie pour se dédouaner auprès de Stéphanie. Il n'allait quand même pas lui avouer être tombé amoureux d'une strip-teaseuse ! L'injustice, que je combattais avec force et conviction, me tombait dessus. Je devais désormais repartir au combat pour clamer mon innocence.

IX

Pendez-la haut et court !

Six mois avec sursis pour une amourette, un coup de cœur, une histoire qui aurait dû rester secrète et jolie... Et inutile de faire appel : une petite strip-teaseuse belge n'a aucune chance de gagner contre une famille princière. C'était en tout cas l'avis de mon avocat en sortant du procès. La loi du plus fort et du plus riche l'avait une nouvelle fois emporté : j'étais coupable.

La presse avait maintenant une cible précise pour entamer une interminable et éprouvante séance de tirs à boulets rouges ! Elle s'en est donné à cœur joie. Pour ce faire il n'y avait qu'à donner la parole à Daniel, puisque je restais muette. Et Daniel jouait son va-tout ! Il pleurait à chaudes larmes dans les magazines people en expliquant qu'on l'avait drogué. Certains médecins, plus que complaisants, osaient même soutenir qu'à l'analyse des photos, on pouvait affirmer que le mari de la princesse était sous l'influence de l'ecstasy ! Ils auraient dit du Viagra, à la rigueur, ça m'aurait amusée, car là au moins les photos parlaient d'elles-mêmes. Mais de l'ecstasy ! L'histoire prenait des proportions hallucinantes. J'étais devenue pour l'opinion publique celle qui avait drogué un père de famille pour le détourner de son droit chemin. Celle qui avait rendu deux enfants orphelins et une princesse malheureuse. Je personnifiais la prostituée manipulatrice sans cœur ni scrupules. J'étais une moins que rien. Une criminelle, presque ! Les journalistes bavaient leur bile haineuse sur ma profession dont ils ignoraient tout. Il était d'ailleurs très facile de trouver des personnes à interviewer pour en dire du mal. Les insultes continuaient de pleuvoir dans ma boîte aux lettres quand ce n'était pas par fax, de jour comme de nuit. Sans compter les appels anonymes injurieux ou les menaces de mort parfois signées. Certaines étaient sérieuses ! Les journalistes fouillaient mes poubelles pendant la nuit...

J'étais seule à la maison, paniquée par tant d'agressivité et d'injustice. Jusqu'où pouvait-on aller dans la méchanceté ? Brad poursuivait ses activités sans se soucier de mon sort. Il avait une nouvelle compagne, Sylvia, et désirait l'installer chez nous. La presse, elle, voulait me détruire. Je ne comprenais toujours pas pourquoi, puisque les dépositions de Brad et du paparazzi m'innocentaient. Mais j'étais strip-teaseuse. Ça ne pardonne pas.

Sur qui compter, alors ? En tout cas, pas sur ma famille. Mon beau-père me traitait comme une pestiférée. Il ne voulait plus me parler et encore moins me voir. Quand je téléphonais à maman pour essayer de trouver un peu de réconfort, il décrochait et me la passait sans prononcer un mot. Il faut dire que les journalistes, non contents de me salir et n'ayant plus rien de nouveau à raconter, s'en sont pris à lui. Le nom de Houtteman n'était pas facile à porter en cette fin d'été 1996, croyez-moi ! Les copains de papi, ses clients et ses employés le regardaient d'un œil soupçonneux. C'est que papi était connu, que ce soit par son métier ou grâce au football. Certains de ses fournisseurs pensaient que cette histoire m'avait rendue millionnaire : difficile après ça de négocier avec eux des tarifs au plus bas. D'autres refusaient de traiter avec lui car ils avaient lu que la mafia m'avait à l'œil. Chaque soir, papi trouvait, coincées sur son pare-brise, des lettres d'insultes. Certaines lui proposaient de l'argent pour coucher avec moi. Des journaux ont même été jusqu'à le soupçonner de pédophilie ! Je comprends qu'il m'en ait voulu à mort d'avoir terni sa réputation.

Toute la famille subissait les mensonges que publiait la presse. L'un de mes frères avait honte de moi. Un autre membre de la famille m'a carrément bannie :

– Tu es la honte de notre nom, le déshonneur

de notre pays. Comment oses-tu encore vivre en Belgique ? Je ne veux plus jamais te revoir !

Maman m'en voulait elle aussi, mais son instinct maternel protecteur a progressivement repris le dessus. C'était la seule à laquelle je pouvais me raccrocher.

Mon silence excitait les médias, car je refusais de parler. Ce n'est pourtant pas faute d'avoir reçu des propositions alléchantes. On m'a offert jusqu'à deux cent mille francs pour un entretien. Du délire !

Brad devenait comme fou quand il voyait arriver ces offres financières.

– Vas-y, accepte !

J'en étais incapable. Et puis je n'allais quand même pas prendre cet argent, au risque de voir Brad s'envoler avec ! Il jonglait déjà bien assez avec les comptes de notre société en réalisant des tours de passe-passe bancaires compliqués auxquels je ne comprenais rien. Je n'avais pas le cœur ni la tête à m'y intéresser. J'aurais dû ! Cela m'aurait évité de me retrouver à la porte sans un sou pour vivre, cinq mois plus tard. Mais à l'époque, je ne souhaitais qu'une chose : m'endormir pendant quinze jours et me réveiller en ayant le sentiment d'avoir vécu un mauvais rêve. Alors j'ai tout refusé.

Face à ce déferlement de haine et de critiques, Brad avait dépêché un copain à lui pour me protéger. L'homme vivait dans le salon et ne lâchait jamais son arme des yeux ou des mains ! Je me suis alors réfugiée dans une sorte de régression infantile. Comme une autiste. Je passais mes journées à câliner mes chiens comme des bébés, à pleurer, à m'enfouir sous des peluches et à dormir en suçant mon pouce. Je ne voulais pas vivre cette réalité. Je pensais que le temps finirait par tout effacer. Quelle erreur !

On trouvait toujours un argument pour faire rebondir l'affaire. Des organisateurs de strip-teases m'appelaient à la maison :

– Avez-vous gardé le string que vous portiez sur les photos avec Ducruet ? Vous pourriez nous faire un défilé ou un strip avec ?

Il y en a même un qui m'a proposé de le vendre aux enchères ! Alors que ce n'était pas mon string, mais celui d'Isabelle ! Tout était bon pour se faire du fric sur mon dos. C'était invivable. Inacceptable. L'univers que j'avais cru construire autour de moi en quelques années s'écroulait sous les coups de boutoirs médiatiques. J'étais au fond du trou, sans personne à qui me raccrocher, sans pouvoir m'enfuir de chez moi. Personne ne souhaitait m'accueillir, de toute façon. Je devais continuer à vivre avec celui qui m'avait trahie.

Cette cohabitation ne gênait même pas Brad. Pour lui, tout était de ma faute.

– Tu n'avais qu'à pas me tromper, me répétait-il. Quitte la maison, va retrouver ta famille de snobs.

De toute façon, je vais amener Sylvia ici. C'est fini entre nous.

Bonjour l'ambiance ! Nos rapports étaient parfois violents... quand Brad daignait revenir à la maison après quelques nuits passées chez Sylvia. Je me sentais si seule, si abandonnée que je m'agrippais à lui pour qu'il ne ressorte pas. Je devenais hystérique. Quand il montait dans la voiture, je me mettais en travers de sa route. Et lui accélérait. Si je ne m'étais pas esquivée à chaque fois, m'aurait-il écrasée ?

*
**

J'ai passé un mois à jouer les zombies. Jusqu'au jour où j'en ai eu marre de lire autant d'insanités et de mensonges. J'étais dans un état de désespoir terrible. S'il n'y avait pas eu mes chiens, je me serais suicidée. Et soudain, mon instinct de survie s'est manifesté. Il était temps ! J'ai décidé de réagir. D'exprimer ma vérité. De me défendre. Je pensais que si je parlais, la presse changerait son fusil d'épaule.

Cette décision de sortir de ma tanière a relancé l'affaire d'une manière incroyable. Fily allait tout dire ! Les médias accouraient de partout, me faisaient des ponts d'or. Je n'ai eu qu'à choisir. TF1 et l'émission de Jean-Marc Morandini ont eu l'exclusivité de mes premières révélations. TF1 était la plus grande chaîne de télévision en Europe, par conséquent un support idéal pour faire passer mon témoignage au plus grand public. Puis tout s'est enchaîné, à un rythme infernal. J'ai été invitée par les télés et les journaux de l'Europe entière : Suisse, Italie, France, Espagne, Allemagne, Grande-Bretagne. On m'a même payé l'avion pour me rendre en Argentine et aux États-Unis, où l'histoire faisait également beaucoup de bruit ! À chaque fois, une limousine et des gardes du corps m'attendaient. Comme une vedette. Je signais des autographes ! J'entendais des réflexions amusantes, du genre : « S'il suffit de coucher avec un poissonnier pour devenir une star, alors des milliers de femmes pourraient revendiquer ce titre ! » Certaines personnes avaient gardé leur bon sens.

Moi, j'étais médusée. Mon enfermement ne m'avait pas permis de prendre réellement conscience de l'ampleur du phénomène. Je savais que le fait divers avait eu un immense retentissement, mais de là à imaginer cet engouement incroyable pour ce qui n'est autre qu'une péripétie de mari qui trompe sa femme... Tout me paraissait complètement disproportionné.

Et je me suis de nouveau fait piéger ! J'avais voulu raconter à des millions de gens ce qui n'était finalement qu'une simple histoire d'amour. Personne ne m'a crue, pour la bonne raison que mes récits ont été trafiqués. Pour les journaux, une banale passade sentimentale, ça ne fait pas vendre ! Alors ils ont réinventé l'aventure en trahissant mes propos. J'avais beau signer des contrats me garantissant une relecture des articles avant parution, tous passaient outre. L'argument était simple :

« Nous voulons des scoops. Il faut pimenter l'histoire. Nous vous payons assez cher pour ça. Nous écrivons ce que nous voulons. Faites-nous un procès si vous le désirez, mais nous perdrons beaucoup moins d'argent que votre affaire ne nous en rapporte. »

Les journalistes m'ont ainsi fait passer pour une « Nikita » en cheville avec la mafia, ou pour l'instigatrice d'un complot soutenu par le prince Rainier. Les articles étaient écrits à la hache : un morceau de phrase de mon cru par-ci, trois mots par-là, et la sauce transformait totalement l'interview.

Brad commençait à avoir peur de cette folie médiatique. Il craignait que je ne dévoile nos relations chaotiques, ses travers. Ce qui n'a pas arrangé nos rapports. Il devenait méchant, brutal. Je me gavais de calmants, d'antidépresseurs. Je ne travaillais plus pour ne pas avoir à affronter le regard des autres, qui désormais me terrifiait. Et je ne pouvais pas quitter Brad car nous avions encore en commun les chiens, la maison, une histoire commune de quatre ans et la société. Je devais en démissionner pour me débarrasser définitivement de lui, avant de partir de la maison. Mais c'est que moi aussi j'avais peur ! Peur de Brad. Peur qu'il me frappe ou me tue. J'étais également terrorisée à l'idée d'aller en prison. Une peine de six mois avec sursis planait au-dessus de ma tête. J'ai demandé à un avocat de m'aider discrètement à effectuer les démarches nécessaires pour abandonner mes parts de la société et ne plus avoir aucun compte à rendre à Brad. C'est alors que j'ai eu un accident de voiture dont les causes sont restées mystérieuses...

Je m'étais remise à sortir en boîte pour reprendre contact avec le monde de la nuit, bien moins effrayant que celui dans lequel je vivais de jour. J'y avais encore des repères, des connaissances. J'avais enregistré un disque quelques semaines auparavant. M'occuper de sa promotion me changeait les idées. Un soir, j'ai quitté Anvers en voiture pour aller dans une discothèque de Bruxelles retrouver une amie. Il devait être 2 h 30 du matin quand j'ai décidé de quitter cet établissement et de repartir chez moi. Je n'avais pas bu plus que de raison et je ne m'étais pas droguée. J'ai déposé mon amie chez elle et regagné Anvers. Je n'étais pas loin de la maison lorsque j'ai perdu le contrôle de mon véhicule. Ensuite, ce fut le trou noir. Je me suis réveillée la tête en bas. Ça puait l'essence. J'étais couverte de morceaux de verre. C'est alors que dans un flash j'ai vu mon papa, mon vrai père. Il me tendait la main en me disant : « Viens. » Puis j'ai repris conscience. Je me suis extraite tant bien que mal du véhicule déjà entouré de pompiers, de gendarmes, de journalistes et d'ambulanciers. Ma voiture était complètement froissée, pliée en deux. Impossible de me souvenir de l'accident. Je me rappelle juste qu'une voiture me suivait d'assez près au moment où j'ai quitté la route. Des témoins de l'accident ont raconté la suite. Je devais rouler à cent kilomètres-heure quand mon véhicule a heurté un muret de béton séparant les voies, puis s'est envolé pour faire sept tonneaux avant de s'écraser contre un arbre. Les pompiers ont retrouvé le moteur cinq mètres plus loin !

Le lendemain, à l'hôpital, les médecins n'en revenaient pas que je sois encore vivante. Je m'en tirais avec une minerve et quelques grosses contusions. J'ai appelé Brad, une vingtaine de fois, pour qu'il vienne à mon secours. Je n'avais personne d'autre à contacter. À l'époque, personne ne souhaitait m'aider ou se montrer en ma compagnie. Je n'osais même pas téléphoner à ma mère, c'est dire si j'étais seule ! Brad a fini par répondre puis il est venu me chercher à l'hôpital.

Entre-temps, j'avais reçu la visite des services secrets belges. L'accident leur semblait suspect. Les agents essayaient de déterminer s'il y avait un lien entre lui et l'affaire Ducruet. Ils n'en ont pas trouvé.

Je suis donc retournée chez nous. De là, j'ai appelé une amie pour qu'elle prévienne maman. J'étais bien trop dans le cirage, saturée de médicaments et de calmants, pour lui relater les événements.

C'est une mère paniquée que j'ai eue au téléphone. Elle a alors compris qu'il fallait que je quitte Brad le plus vite possible, sinon tout cela finirait très mal. Mon frère est venu me chercher. Je suis restée deux jours chez mes parents, puis je suis revenue à la maison, où j'ai appris le suicide d'un des rares amis vrais que j'avais à Anvers.

*
**

L'affaire Ducruet durait déjà depuis cinq mois. Nous étions en décembre. Je me remettais difficilement des séquelles de l'accident. Je déprimais. Ma campagne de rédemption médiatique n'avait servi à rien. J'avais le sentiment que je resterais à jamais coupable. Je pensais aussi à cet homme, Luc, rencontré un mois auparavant à Knokke-le-Zoute, sur la côte belge. Luc était riche, avait une fille de quatre ans et une autre plus âgée que moi. Il était surtout fou amoureux et prêt à tout pour que je quitte mon enfer. Serait-il ma bouée de sauvetage ?

Noël approchait. Je n'avais personne avec qui le passer. Alors, je l'ai fêté seule, chez moi, devant un plateau-repas, entourée de mes chiens. Gucci attendait des bébés. Le moment aurait pu être beau, il fut triste à mourir. J'ai téléphoné à maman, à Isabelle et à deux amis pour leur souhaiter de joyeuses fêtes, le plus dignement possible, avant de m'effondrer en pleurs. Je me vidais de larmes pleines d'une souffrance infinie. J'étais seule, abandonnée, traitée comme un monstre dès que je pointais le nez dehors pour aller faire des courses ou tenter de reprendre une vie normale. Un repris de justice en quête de réinsertion aurait été mieux traité que moi !

Heureusement, tout le monde ne me considérait pas comme une criminelle ou une pute. Dans la rue ou dans les centres commerciaux, des filles de mon âge m'abordaient, et m'abordent encore quelquefois aujourd'hui, pour me demander conseil.

– Je ne veux pas vous déranger, mais vous êtes Fily Houtteman ?

– Oui, pourquoi ?

– J'aimerais que vous me donniez des cours de strip-tease pour apprendre à me déshabiller sensuellement devant mon fiancé.

J'en ai emmené une ou deux à la maison pour leur dévoiler les principes de base de l'effeuillage, leur inculquer quelques rudiments en matière de contorsions et de vêtements à porter. Je leur ai appris à enlever leur jupe, leur pull. Cette expérience m'a soudainement donné envie d'ouvrir une école de strip-tease. Mais j'étais bien trop occupée à me dépêtrer de l'affaire Ducruet. Aujourd'hui, une école de ce genre s'est ouverte à Bruxelles. Sans moi.

Tout ce que j'avais construit, au prix de sacrifices énormes, et au mépris de malveillances et de médisances discontinues, s'était écroulé en quelques mois. Ma vie était anéantie. J'ai enfin compris qu'il était temps que je quitte Brad. Définitivement.

*
**

J'ai déménagé en janvier. Luc acceptait de m'installer chez lui. Il m'a aidée à emporter mes affaires : deux petites armoires, mon lit et un canapé. Luc, et quelques-uns de mes derniers amis, s'étaient arrangés pour payer mes dettes. Brad, lui, avait disparu de la circulation. Je me retrouvais maintenant avec les créanciers sur le dos et diverses taxes exorbitantes à payer ! Je ne supportais plus cette accumulation d'accidents de la vie. Mes idées noires me poussaient à penser quotidiennement au suicide. J'avais tout perdu, ma maison, mon mec, mon travail, mes amis, une partie de ma famille, mes grands chiens, mes rêves et tout espoir d'en sortir. Je n'avais plus goût à rien.

Luc avait beau être aux petits soins pour moi, je refusais tout contact sexuel. J'étais incapable de faire l'amour avec lui et de lui rendre sa tendresse. Il patientait. Était-il seulement en mesure de comprendre mon traumatisme ? De comprendre pourquoi je me refusais à lui alors qu'il ne pensait qu'à m'aider et à m'aimer ?

Brad m'avait détruite sentimentalement et sexuellement. Avec lui, j'avais vécu une relation sans sexe mais dangereusement passionnelle, et j'avais rencontré quantité d'hommes pour qui les mots sentiments et amour ne figuraient pas dans le dictionnaire du dragueur de strip-teaseuses. Sexuellement, j'étais totalement déséquilibrée. Je n'arrivais plus à faire confiance à ceux qui disaient m'aimer. J'étais également persuadée d'avoir un grave problème psychologique vis-à-vis de la sexualité. Il m'arrivait en effet d'avoir des pensées folles, inhabituelles. Je m'imaginais rencontrer un inconnu dans une discothèque, l'attraper dans un coin pour lui faire l'amour avant de disparaître aussi sec de sa vie. Je rêvais aussi que je vivais enfermée dans un immense préservatif, comme si ce préservatif géant me protégeait des contacts directs avec les hommes. L'acte sexuel me paraissait dégradant. Luc, de son côté, a commencé à recevoir des menaces anonymes : on s'en prendrait à sa fille s'il restait avec moi. On la kidnapperait !

Il trouvait des photos de moi nue sur son pare-brise et son P-DG, aux États-Unis, avait été mis au courant de notre relation. Étant donné le poste haut placé qu'il occupait dans son entreprise, on lui a fait comprendre qu'un jour ou l'autre, et assez prochainement, il aurait un choix à faire.

Luc a patienté et encaissé ces coups bas pendant un mois, deux mois... puis il a abandonné. Il m'a mise à la porte de chez lui. Je n'avais plus qu'une solution : retourner chez mes parents. Revenir à la case départ, sans rien, comme une merdeuse, l'orgueil en berne.

Qu'il fut cruel de me retrouver dans ma chambre d'enfance ! J'avais l'impression de n'avoir rien fait de ma vie. Heureusement, mon beau-père avait enfin compris que nous devions faire la paix et effacer notre passif relationnel pour me sauver de la dépression et de la folie. Pas facile. Je restais enfermée toute la journée, allongée sur mon lit à dormir ou remuer mes idées noires. Mes parents partaient le matin travailler. Quand ils rentraient le soir, je n'avais pas bougé. C'est tout juste si j'avais pris la peine de m'habiller. Je traînais mon désespoir en survêtement dans toute la maison.

Alors maman a pris les choses en main et s'est mise à me chercher du travail. Il fallait que je reprenne pied dans la vie normale. Mais allez dire à une jeune fille ayant connu le luxe, l'argent facile et une vie de fête qu'il faut désormais travailler comme vendeuse dans un magasin ou comme hôtesse d'accueil ! J'en étais incapable. En tout cas, tant que je vivrais chez mes parents. Ce retour à la maison était traumatisant. Il me fallait avant tout un « chez-moi », retrouver une certaine indépendance. Mes parents l'ont vite compris. Maman décida de m'aider à trouver un nouvel appartement. Évidemment, comme je ne travaillais plus, le budget logement était réduit. Je visitais des studios ou des deux pièces étroits, tristes. J'en ressortais en pleurant. Puis nous avons déniché la perle rare, dissimulée derrière des façades peu avenantes dans un quartier excentré : un bel appartement avec un grand jardin. Idéal pour Gucci et Kenzo ! Maman me payait la garantie locative, et mon chômage le loyer. Je n'avais plus qu'à trouver un job pour manger. Je pouvais également compter à nouveau sur mon Père Noël, accouru à mon chevet de toute urgence dès qu'il avait eu connaissance de mes problèmes.

J'ai donc enchaîné les démarches pour chercher du travail. Je n'imaginais pas que mon nom et mon passé représenteraient un tel fardeau, un tel obstacle.

– Fily Houtteman ? Désolé, le job ne vous convient pas. Votre réputation est trop sulfureuse, nous ne pouvons prendre le risque de vous faire travailler, nous allons perdre des clients, vous êtes trop jeune, etc.

Tout était bon pour m'éviter, pour me punir une fois de plus. Je n'avais donc pas droit à une seconde chance ? J'étais démoralisée. J'avais pourtant subi une chirurgie esthétique pour me faire refaire le nez, changé de coiffure et de couleur de cheveux. Même mes dents ont eu droit à une retouche. Tout ça pour tirer un trait sur mon passé. Mais aussi pour qu'on ne me reconnaisse plus ! Il fallait que je change de peau. Que j'oublie à jamais Sharon. C'était la condition *sine qua non* pour que ma mère continue de me soutenir. Elle ne m'aurait jamais pardonné de replonger dans le milieu du strip-tease. Et je n'avais pas envie que les gens pensent que j'étais incapable de faire autre chose que de montrer mon cul sur un podium.

J'ai donc réussi à travailler un peu : coursier,

secrétaire dans une société de transport, comptable pour des amis, hôtesse d'accueil. J'étais souvent payée en liquide, sans être déclarée. J'ai aussi accepté quelques jobs qui me permettaient de toucher le chômage quand je les quittais et de payer mes frais quotidiens en attendant de trouver mieux.

Et j'ai trouvé mieux, en faisant la connaissance d'un homme bien plus âgé que moi. Lui aussi voulait jouer les Pères Noël sans contrepartie sexuelle. Cet homme tenait une agence immobilière. Il m'a proposé du travail dans son agence. J'étais chargée de faire visiter les biens qu'il avait en vente, et il avait mis à ma disposition une voiture comme avance sur mes prochaines commissions. Évidemment, je n'avais jamais fait ça. Mais le patron avait confiance en moi. J'ai sauté sur cette chance. La nature du travail me plaisait. J'étais au contact de clients. Il fallait à nouveau user de charme pour les convaincre d'acheter. Et l'on ne me reconnaissait pas ! Il faut dire que l'on ne s'attendait pas trop à me voir en tailleur BC-BG... Je m'épanouissais à nouveau, je vendais des maisons et les affaires marchaient quand tout s'est encore écroulé : mon patron protecteur venait de mourir dans un accident de voiture !

Je venais à peine d'apprendre la nouvelle que son associé à l'agence me téléphona chez moi :

– Je suis sûr que ce n'est pas un accident. Il s'est suicidé à cause de toi parce qu'il t'aimait alors que tu n'es qu'une sale pute ! Tu es virée. Tu recevras ta lettre de licenciement dans les jours prochains. Ce n'est plus la peine de revenir à l'agence. Une fille comme toi va nous faire perdre des clients.

Il a raccroché.

Trois jours plus tard, je recevais ma lettre. Et je suis retombée dans la déprime. J'ai alors décidé de quitter temporairement la Belgique pour rejoindre des amis en Espagne. Je ne voulais plus vivre dans mon pays où l'on me rejetait de toute part. Mais la tristesse n'est pas plus belle à vivre sous le soleil ! Je ne parlais pas un mot d'espagnol, maman me manquait. Je suis donc rentrée au pays, un peu requinquée quand même et bien décidée à ne pas me laisser abattre. D'anciennes relations de la nuit tentaient de me convaincre de retourner dans le milieu. C'était impensable. J'ai donc retrouvé le rythme des petits boulots jusqu'à ce que je fasse la connaissance du patron d'une salle de sport huppée de Bruxelles. Tout le gratin de la capitale belge y était inscrit. Le club était très chic, haut de gamme, avec sa piscine, son sauna, son hammam et ses jacuzzis. Mon patron se moquait bien de mon passé et m'avait obtenu un poste de réceptionniste. Pour mettre toutes les chances de mon côté, j'avais inscrit sur mon badge mon vrai prénom : Muriel. J'étais soudain heureuse, épanouie, rassurée qu'il existe encore des gens bons sur cette terre.

Ce bonheur a duré trois jours ! Le troisième jour, en effet, mon patron m'a invitée à boire un verre :

– Écoute, Muriel, j'ai un problème. Je ne vais pas tourner autour du pot. Certains clients t'ont reconnue et m'en ont fait la remarque. Ils me font du chantage. Ils disent payer assez cher pour ne pas être en contact avec une fille au passé aussi lourd que le tien. Tu n'es pas fréquentable à leurs yeux. Je ne suis pas de leur avis, bien sûr, mais je ne peux pas te garder.

– Je finis la semaine ? Le mois ?

– Non, tu retournes au club, tu prends tes affaires et tu rentres chez toi.

Une fois dans ma voiture, j'ai éclaté en sanglots. Des sanglots de colère, de haine. Ces mêmes bourgeois qui m'avaient invitée à me déshabiller devant eux pour célébrer leur anniversaire ou pour s'égayer dans des fêtes obscènes m'excluaient de la société. Tant que je vivais la nuit, j'étais fréquentable. Tant que ces clients mentaient à leur femme en prétextant des réunions bidons alors qu'ils se rinçaient l'œil à me regarder m'effeuiller dans un « *table dance* », ils m'acceptaient. Mais dès que l'oiseau de nuit désirait voler en plein jour, il fallait l'abattre. Est-ce qu'ils allaient vraiment, les paparazzi, les anciens clients spectateurs, les bien-pensants affichés, réussir à m'anéantir ?

Et maintenant...

Curieusement, cet ultime affront a résonné en moi comme un défi. La Fily rebelle qui avait tout eu facilement dans son existence devait désormais apprendre à lutter. Dans la vraie vie, et en plein jour. Certes, j'avais été profondément blessée, mais personne ne réussirait à me mettre totalement à terre.

J'ai ainsi navigué de petits emplois en boulots de fortune, pour finir par travailler régulièrement, aujourd'hui, dans une salle de sport, comme coach.

Il m'a fallu attendre sept ans après l'affaire Ducruet pour retrouver ne serait-ce qu'un début de virginité. Sept ans pour réapprendre à me sentir à l'aise en société, bien que ce soit encore difficile. J'ai encore peur du regard des autres, de ce qu'ils peuvent penser de moi. J'ai peur d'affronter la remarque désobligeante, la blague indécente ou la gaffe qui s'échappe de leur bouche. Sans doute ai-je écrit ce livre comme on fait une thérapie, pour comprendre et essayer de faire comprendre ce qui m'est arrivé, et quelle femme se cache derrière les atours factices du déshabillage en fanfare. Je ne pensais pas qu'il serait aussi éprouvant, aussi dur de tout révéler. On me reconnaîtra, au moins, le mérite de la franchise. M'acceptera-t-on pour autant ? D'aucuns diront que je n'ai eu que ce que je mérite, d'autres mettront peut-être plus de nuances. Je ne cherche pas à plaire à tout le monde, j'aimerais juste que l'on puisse faire des choix et les voir respectés, même s'ils ont été sources de problèmes. C'est tellement facile de juger !

Certains, plus idéalistes, parleront de rédemption. Je n'irai pas jusque-là. Je demeure une jeune femme trop sensible, habitée par deux personnalités opposées, une rebelle défaitiste, une angoissée maniaque en manque d'amour, une lionne en cage en manque d'oxygène, un oiseau blessé. Avec sur les bras un curieux amalgame de scandale, de vie sexuelle fracassée, de blessures à peine cicatrisées, et un besoin de partager l'amour à la mesure des échecs sentimentaux que j'ai subis.

Aimer : la solution finale ! Y a-t-il encore une chance pour moi dans ce domaine ? Je m'emploie à la mériter, et je ne suis pas seule dans ce combat. J'ai Cricri, l'amie d'enfance fidèle, sœur de cœur, droite, douce, et garde-fou de mon identité. J'ai Isa, complice de mes nuits d'antan, mon phare dans ce milieu si obscur. J'ai Carine et Deb, présentes à mes côtés depuis mon retour de Bruxelles, qui assument notre amitié. J'ai Père Noël et Max, pères de remplacement, toujours prêts à m'aider pour recoller les morceaux, preuve que tous les hommes ne ressemblent pas à ceux qui ont ruiné ma vie. Il y avait Pat, aussi, avec qui j'ai essayé plusieurs fois de revivre ma passion de jeunesse, sans succès. Nous nous sommes éloignés. Nous savons trop bien tous les deux que l'histoire n'est plus à recommencer. Je me suis accrochée à cet amour mythique pendant des années, pourtant. Pour tenir le coup. J'ai fait une croix dessus maintenant.

Il y a aussi Kenzo et Gucci, mes bébés bichons que je chéris plus que de raison, mais qui furent les garants de ma survie.

Et il y a bien sûr maman, si proche, qui ne sera jamais fière de moi à cent pour cent mais qui continue de me protéger et de souhaiter mon bonheur. Enfin il y a mon papa, qui a dû se retourner plusieurs fois dans sa tombe en me voyant grandir. Il me manque, encore et toujours. Le vide est là, béant, douloureux. Peut-être me protège-t-il quand même ?

Depuis peu, je regarde à nouveau la nature, les étoiles dans le ciel, les oiseaux dans les arbres, et j'ai remis des fleurs dans ma tête. Mes rêves de gosse ne sont pas si loin. J'en ai besoin pour rééquilibrer la balance encore trop chargée d'idées noires, de paillettes illusoires et de désespoir. Il m'arrive, c'est vrai, de ressortir mes vieux costumes de strip-teaseuse entreposés dans une armoire, mais juste pour m'assurer que j'entre toujours dedans, et pour célébrer une sorte d'exorcisme puisqu'il est hors de question que je les remette sur un podium.

Je me suis mise aussi à la peinture, elle me fait voir la vie sous d'autres couleurs. Sur mes toiles, le bleu côtoie le jaune, le rouge, le vert, le blanc. Mais plus le noir ! Chaque coup de pinceau, chaque touche de gouache utilisée m'offre l'occasion de me vider, d'effacer les souvenirs douloureux sans pour autant me remettre à boire, à me droguer, à dépenser de l'argent ou à m'abrutir devant la télé. Je me sens mieux. J'ai retrouvé le goût de l'espérance.

Si un jour j'ai une fille, ce dont je rêve, je ferai comme mes parents l'ont fait avec moi : je conseillerai à la petite Cendrillon de devenir avocate...

Ou bien de lire ce livre avant de plonger dans un monde obscur où les hommes ne sont pas toujours des princes charmants.

Table des matières

Direction littéraire

Huguette Maure

assistée de

Marie Dreyfuss

et

Maggy Noël

Composition PCA
44400 – Rezé

Impression réalisée sur CAMERON par

BRODARD & TAUPIN
GROUPE CPI

La Flèche

pour le compte des Éditions Michel Lafon
en juin 2003

Imprimé en France
Dépôt légal : juin 2003
N° d'impression : 19234
ISBN : 2-84098-969-7
LAF 443